融创孙宏斌

RONGCHUANG SUNHONGBIN

成大事者不纠结

天津出版传媒集团

天津人民出版社

图书在版编目（CIP）数据

融创孙宏斌：成大事者不纠结 / 吴长楼著 . -- 天津：天津人民出版社，2018.4（2020.1 重印）

ISBN 978-7-201-13260-0

Ⅰ . ①融… Ⅱ . ①吴… Ⅲ . ①孙宏斌—生平事迹 Ⅳ . ① K825.38

中国版本图书馆 CIP 数据核字 (2018) 第 078667 号

融创孙宏斌：成大事者不纠结

RONGCHUANG SUNHONGBIN: CHENG DASHIZHE BUJIUJIE

吴长楼　著

出　　版　天津人民出版社
出 版 人　刘　庆
总 策 划　刘志则
监　　制　李广顺　曾荣东
地　　址　天津市和平区西康路 35 号康岳大厦
邮政编码　300051
邮购电话　（010）84827588
网　　址　http://www.tjrmcbs.com
电子信箱　reader@tjrmcbs.com

责任编辑　郭晓雪
特约编辑　刘春玲　杨家明（Edison）
装帧设计　方与圆　石凯辉

制版印刷　环球东方（北京）印务有限公司
经　　销　新华书店
开　　本　710 × 1000　1/16
印　　张　16
字　　数　170 千字
版次印次　2018 年 5 月第 1 版　2020 年 1 月第 4 次印刷
定　　价　48.00 元

Preface 前言

2017年，对于财经行业来说，是让人眼花缭乱的一年。房地产业的万达公司出售资产包、互联网行业的乐视公司重组，接二连三的大公司资产变动，像一场场国际大片。而这些大片的主角便是著名的财经人物孙宏斌。

因为这两次并购的数额实在是太过巨大，而且正好又是多家著名企业退出传统市场的时候，孙宏斌却逆流而上，花大手笔来购买它们。这看起来近乎疯狂，于是人们调侃他为“并购狂人”。

在此之前，孙宏斌被称之为传奇人物。他所经历的每一次转折，都万分凶险，足以置他于死地。但孙宏斌在每一次的低谷中都能爬起来，而且再次攀上成功的巅峰。因此，人们称他“传奇”也毫不夸张，他是当得起“传奇”二字的。

很多人对孙宏斌感兴趣，都想知道他一次次从失败走向成功的秘诀是什么。从当年一鸣惊人的顺驰，再到慢慢崛起的融创，孙宏斌在失败中找到了怎样的经验，又是如何巧妙地把这些经验运用到他下一次的事业开创中的呢?

本书从细微处入手，叙述了孙宏斌所经历过的每一次转折，从而剖析他成功的原因。读者将从这些叙述里，看到一个年少轻狂的职场达人是怎样转变为一个思维缜密、行动力超强的成功企业家的。

当然，我们还会明白，孙宏斌的成功，除了他拥有的超强行动力和缜密的思维外，还和他的豁达、高瞻远瞩密不可分。因为豁达，不和过去纠结，所以他才能成就一次又一次的事业，攀上一个又一个的巅峰。

Contents 目录

前　言　//1

第一章　逆潮流而动的并购狂人

1．高杠杆手，全球瞩目的 632 亿　//3

2．双赢合作，万达需要的不只是一个伙伴　//9

3．控股乐视，总要有个人站出来　//18

第二章　大起大落的联想少将

1．智商高绝，清华园里的少年郎　//31

2．谋才大略，联想公司的虎将军　//37

3．年少轻狂，经济问题背后的真相　//43

4．主动和好，能屈能伸的大丈夫　//50

5．留学海外，哈佛大学的蛰伏者　//56

第三章　进军房地产的新来者

1．创建顺驰，一入地产深似海　//69

2．成立公司，背靠大树好乘凉　//74

3．黑马崛起，“独裁”终得天下　//83

4．版图扩张，一骑绝尘房地产　//88

5．超越万科，鸿鹄之志天下知　//94

第四章　狂飙路上几度沉浮

1．遭遇调控，断绝上市融资之路　//101

2．负债累累，资金链断裂的绝望　//106

3．众说纷纭，横眉冷对千夫所指　//111

4．卖子求生，顺驰花落路劲地产　//117

5．总结经验，平衡和稳才是关键　//124

第五章　重返江湖的“地王”

1．垂爱融创，鸡蛋不放进一个篮子里　//131

2．断臂求生，给融创下几贴猛药　//136

3．强调稳健，教训是刻骨铭心的　//141

4．高端路线，现金流背后的改革　//146

5．逆市夺王，风声鹤唳时的胆略　//152

第六章　懂得克制的成功者

1．毛利红线，从来没有志在必得　//159

2．登陆联交所，踏足国际资本市场　//165

3．风险意识，承担和控制的价值　//170

4．再做地王，理性和激情并在　//175

第七章　登上人生巅峰的大赢家

1．联姻绿城，向行内标杆靠拢　//183

2．融绿问世，挺进上海的钥匙　//189

3．入主绿城，依仗十足的狼性　//196

4．续写传奇，登上人生的巅峰　//202

第八章　激进扩张背后的侠义客

1. 狂飙再起，白武士的收购逻辑　//213

2. 雪中送炭，为跨界做准备　//221

3. 大刀阔斧，打造新乐视　//226

4. 知天命年，战士才刚刚出征　//231

附　录

孙宏斌大事记　//243

第一章　逆潮流而动的并购狂人

我其实不是一个激进的人。江湖上都说我激进，我真的不是一个激进的人，我骨子里是一个偏理性的人，厌恶风险，自己开车很慢，不允许司机开快车，过马路一定等人行道绿灯。之所以被认为激进是因为我觉得没想好的事坚决不干，想好的事就坚决果敢地去干。朋友说人有不知死和不怕死之分，我应该是不怕死的。

——孙宏斌

1. 高杠杆手，全球瞩目的632亿

鲸吞万达

2017年7月10日，本是一个平常的星期一，然而，一条财经简讯上的公告打破了夏日的沉闷，让所有人都为之震惊。公告称：融创中国房地产集团以335.95亿元的高价收购万达的76个酒店项目。同时，万达将13个文旅项目91%的股权以295.75亿元的价格转让给融创。

这个公告让网友们震惊不已！一直以来，人们都把万达集团视为中国产业的巨无霸，房地产的风向标。这次卖掉的产业是万达商业里面80%的文旅项目和70%的酒店项目，堪称万达商业的半壁江山，现在万达突然出售这么多的产业，不禁让人猜测中国房地产业是否有大事要发生。

但这还不是震惊的主要原因，在这笔交易中，最为吊诡的是收购资金的来源。融创中国收购万达的付款方式，一共分为四次，前三次是融创中国付款，第四次却是万达通过银行向融创发放贷款，然后融创再用贷款来支付万达的收购款。

众人都在纳闷，为什么在万达想要抽离之际，融创宁愿贷款也要冒出来接手？一时间，各路财经媒体纷纷争相报道，标题各不相同，内容却都一致："融创鲸吞万达，到底图谋什么？"

在这笔截至目前中国房地产行业里最大的交易面前，人们已经无暇去探究王健林卖掉这些项目的真正原因，他们的目光齐刷刷地落在了融创中国的董事长孙宏斌的身上。

54 岁的孙宏斌，有着比他年纪要显年轻的外表和精力，眼睛里透着坚毅和果敢，浑身散发出一股常人难及的魄力。面对外界的质疑，孙宏斌非常简短却又很明了地做了回复："融创该不该买万达这些资产，这逻辑太简单了，内部没有人反对，内部谁反对，谁是傻子。但万达该不该卖，这是另一个故事，你们该问王健林。"

寥寥几个字，将融创所有管理层的态度都表明了。显然，孙宏斌是要告诉众人，这是融创董事局经过深思熟虑做出的决定，而不是孙宏斌一个人的"激进狂飙"。在"狂飙"的路上，他吃足了苦头，现在他已经学会了克制，所以大家不要怀疑收购万达是孙宏斌的冲动之举，这是融创中国全体股东三思的结果。

就在众人都担心融创成为接盘侠时，万达发出了信息：他们之所以出售这批项目，是因为万达想要转型成"轻资产"公司。王健林为此还专门做了解释，他说："这次交易是为了大幅降低万达商业的负债，并进一步实现轻资产化运营。"此时，人们才注意到，在这批交易中，万达只把交易项目的资产和负债转移给了融创，品牌和运营管理权依然攥在万达手里。

原来房地产行业并没有什么大动向，万达并不是为了跑路而出售资产，那么项目的运营就不会有问题，只是一次正常的房地产商业交易而已，融创不是所谓的接盘侠，众人为孙宏斌提着的心这才放了下来。

融创不需要流动资金吗

虽然王健林的回应让人明白了万达这次出售项目的真正原因，也让人了解了万达贷款给融创来购买自己的苦衷，但还是有一个大疑问盘旋在众人的心头，而且这个疑问指向融创和孙宏斌：万达销售项目是为了还清银行债务，让资金流动起来。而比它负债率还要高出16.7%的融创，难道不需要流动资金吗？

这个疑问是围观者们的好奇，同样也是各大金融机构关心的问题，它们甚至比看客们更关注，毕竟资金风险关系到它们的利益。于是，在这场交易结束后不久，金融机构就开始排查万达系和融创系的资金风险。

而且很快就传出“融创信托放款和融创百亿公司债统统被叫停”的信息。这则消息导致融创中国相关的股价全线下跌。2017年7月18日的港股通显示，融创中国的股票收于15.94港元，跌幅高达7.33%。

眼看局面越来越超出预想，孙宏斌必须站出来回答质疑，他说：“我们的账面上现在有900亿元的现金流，可动用的就有500亿元，而且7月份我们还能销售200亿元，8月份会达到300亿元，在以后的每个月也都会是300亿元以上。所以资金对我们来说，是根本没有问题的。”

只要了解孙宏斌的人都知道，曾经因为狂飙扩张而导致资金链断裂的他，现在是多么重视现金流的重要性。他怎么可能把融创再次带入曾经陷入过的资金链断裂的泥潭里？正是为了保障融创的流动资金，融创才会在账面上明明有钱的情况下，还向万达贷款交易。

无论外界怎么猜疑融创和万达的这次交易，孙宏斌都只是置之一笑，他说：“这次合作是基于双方的信任之上。”他的态度告诉世人，他对这次收购充满自信，一切都会平稳过渡，所以没有什么可担心的。

孙宏斌就是这样一个有胆略又充满自信的人，当所有人都为金融机构中心对融创进行资金风险排查一事而捏着一把汗时，他非常淡定地回答：“银行也是个生意人，排查风险很正常。如果不排查的话，他们反而就该失业了。”事实上，恰如孙宏斌预料的那样，排查下来，融创的资金风险并没有问题。

有人不禁会问，既然资金没有任何风险，那么融创百亿公司债为什么被叫停呢？

要知道，百亿公司可是融创中国债券融资的根本，它的存在，代表着融创的发债融资渠道畅通完好。早在 2015 年 12 月，融创就曾经发行过 50 亿元的公司债，加上天津融创这个子公司发行的 50 亿元公司债，一共是 100 亿元。后来又陆陆续续发行了两次债券。

这些发行本来预示着融创的债券融资能力很好，但现在百亿公司债被叫停，也就意味着债券融资断流了。一时间，众说纷纭，大家都在猜测融创遇到了大麻烦，各大论坛也都在转载这一消息。如果说，之前只是业界媒体和相关人士在跟进的话，现在已经是全民关注了。

一个质疑，眼看就要演变成一场众人关注的大戏，然而，让人意想不到的是，置身于这场混乱旋涡中心的孙宏斌却非常淡定。他说："这是去年9月份报的发债项目了，2月份我们主动撤回的。"

孙宏斌的淡定让所有人都闭上了嘴。不过，孙宏斌是顾不上其他人的情绪的，他还有自己的好多事情要做。

2. 双赢合作，万达需要的不只是一个伙伴

核心是可售土地，酒店是配搭

眼看互联网被融创这次的收购掀起了滔天巨浪，置身于巨浪中心的孙宏斌不得不站出来发声。2017 年 7 月 27 日，他在微博上说："总被问为什么要投资乐视合作万达，是因为我们坚信房地产业会稳定健康发展，消费升级的主力产业大文化、大旅游、大娱乐会爆发增长，是因为融创坚定看好中国经济的未来。近期我们会停缓发展，加速去化，降低负债率，确保健康安全。我们坚信，企业层面的去库存、去杠杆和金融业的稳定发展，经济将迎来理性繁荣。"

孙宏斌的这番话像是一剂镇静药，让躁动的网民们慢慢地安静了

下来。他的字里行间透露着无比的自信和坚定，人们不禁要去分析，在房地产市场波动日渐紧密、房地产商们都想办法脱身的时候，是什么让孙宏斌如此从容地迎头而上？

让我们来看看这笔震惊整个互联网的房地产并购交易吧：

631.7 亿元的资产包，其中包括 335.95 亿元的 76 家万达酒店项目和价值 295.75 亿元的 13 个万达文旅项目 91% 的股权。在公告中，万达集团公布了 2016 年这 76 家酒店项目的税后利润为 8.7 亿元，13 个文旅项目的税后利润为 38.2 亿元。也就是说，整个资产包的税后利润将会达到 46.9 亿元。

这对融创集团公司来说，当然是一件好事情。要知道，2016 年融创集团的全年毛利润一共是 48.5 亿元，其中净利润为 29.4 亿元。一旦这次交易成功，也就意味着融创集团的年利润将会翻番。

一直以来，万达集团以持有型房地产资本著称于世，现在，融创集团一举拿下 76 个万达酒店项目，于是很多人都猜测，融创集团是要介入持有型房地产业。但很快，人们便又推翻了这种猜想，之所以推翻，是因为近几年来，中国的豪华酒店业务非常不景气，一边是固定资产的折旧和高额的贷款利息，一边是逐年下跌的酒店房价，两者矛盾日益凸显。懂得风险的人，此时是不会介入持有型房地产行业的。

在房地产界摸爬滚打了这么多年，对于房地产相关产业的现状和发展前景，孙宏斌比其他人更加熟悉。为什么他还要在这时购买万达酒店呢？况且，融创集团是一家以房地产销售为主的公司，并不具备管理酒店的团队。即使购买过来，融创也没有专业人才来处理酒店业务啊！

当局外人都在为孙宏斌忧心忡忡时，却有业内人士为孙宏斌的这次举动鼓掌。他们说，万达酒店项目并不是融创购买的重点，76个万达酒店项目只是个配搭而已，融创集团真正感兴趣的是13个万达文旅项目。

确实，从利润上来看，年利润38.2亿元的文旅项目，比起年利润才8.7亿元的酒店项目，的确更有价值。如果说，13个文旅项目是块肥肉的话，那么76个酒店项目充其量只能算是一块鸡肋。显然，在这次交易中，万达集团做的是“肥瘦”资产捆绑销售，这是比较常见的一种商业交易，所以万达的做法也无可厚非。

而孙宏斌愿意接受这次交易，自然也有他的道理。原来，早在之前，融创集团就做过调查，13个万达文旅项目，总建筑面积为5897万平方米，其中，有4973万平方米的可售土地面积，约占总面积的84%。

而且，在这些可售土地中，还有绝大多数土地尚未开发。也就是说，一旦交易成功，融创集团公司将获得土地储备约5000万平方米，加之融创集团具有非常强大的中高端住宅操盘能力，他们能使这些土地具有更大的增值空间。

显然，对于融创集团来说，这次交易的核心是文旅项目中的可售土地，而76家酒店，只是一个配搭而已。

当然，酒店项目也并不是累赘。融创集团恰好可以利用这次介入持有型酒店业务的机会，为公司的未来寻找新的增长点。

难怪在面对外界质疑的时候，孙宏斌回复说："融创买万达这些资产，内部没有人反对，内部谁反对，谁是傻子。"

中国房地产史上的"三国杀"

不过，这次交易的最终达成，并未像最开始公告的那样，融创集团和万达集团签约，而是又增加了一个伙伴：富力房地产集团公司。

2017年7月19日下午，在北京万达索菲特酒店里，融创、万达和富力三大集团的董事长坐在一起，他们将要签署中国地产业有史以

来最大的一笔并购交易。

富力集团的突然出现，让所有人都震惊了。9 天前，融创和万达签署的并购协议仿佛还在眼前一般，而且在这 9 天中，每个人都知道，万达要卖掉房地产以完成轻资产转型，而融创则要为公司未来寻找新的增长点，两者是双赢合作。怎么会突然冒出个第三方来？

直到正式合同签约，三方出了公告，人们这才明白为什么孙宏斌会答应富力集团一起完成这次并购。

我们都知道，这次交易是万达的一个资产包，由 76 个酒店项目和 13 个文旅项目组成。如果没有富力集团，融创就将全部购买这个资产包，但现在的事实是：融创集团以 438.44 亿元的价格收购了万达集团的 13 个文旅项目 91% 的股权，而对于融创来说只是配套的万达酒店项目，被富力集团以 199.06 亿元的价格收购。

看着万达集团董事长王健林开心的笑容，人们不禁恍然大悟，显然，万达集团需要的不只是一个合作伙伴。但人们也不得不承认，对于三方来说，他们各取所需，这真的是一个最完美的交易。

万达之前计划和融创双方交易时，因为一口气要吞掉 600 多亿元的项目，融创集团的资金一时有些吃紧，所以万达集团需要借给融创集团 296 亿元缓解它的资金压力，以支持融创来完成这次交易。但富力集团加入进来后，融创集团只需要出资 400 多亿元，资金压力没有了，万达集团便无须借款给它，这对万达集团来说，无疑是件好事情。

而对于富力集团来说，虽然只是临时插进来一脚，但他却在这笔交易中获得了最大的实惠。之前，融创集团和万达集团计划并购时，万达集团的76家酒店项目要价335.95亿元。但现在，富力集团只需花费199.06亿元就能收购这些酒店项目，而且还附送一个酒店项目。也就是说，富力集团在这次交易中捡了一个漏。

当然，富力集团也并不是为了捡漏而插进来的。事实上，富力集团是一家集房地产设计、物业管理等于一身的综合地产集团。在酒店管理方面，富力集团很有经验，因为它和万豪国际集团、凯悦酒店集团分别有合作，并打造出两家超五星级酒店。在与它们的合作过程中，富力地产集团自然会拥有丰富的管理经验。

如果说，万达酒店项目对于融创来说，只是一个可有可无的配搭，那么对于富力地产集团来说，却是它的目标所在，而且价格又压这么低，这次交易无论怎样都是一次完美的交易。

人们发现，在这次签约中，融创集团只收购了万达集团的13个文旅项目，但比9天前的计划协议要增加140多亿元的收购款，很多人都觉得融创买亏了，不免为他担忧。

最完美的交易：甩掉配搭，轻装向前

然而，事实上，这样的三方交易却是孙宏斌最乐于见到的。

因为从9天前的并购协议开始，所有的言论都指向他和融创，没有人看好！与此同时，融创集团遭受到来自各方面的压力：股票指数下跌高达12.97%，银行和金融机构排查融创中国的贷款风险，有关机构计算融创的负债率问题，标普、惠誉等评级机构给融创下调级别，上海证券交易所的债券状态为“终止”，等等。

对于这一切，久经风浪的孙宏斌非常乐观，他说：“融创在上半年的销售业绩为1100多亿元，截至2017年6月30日账面有900多亿元现金，下半年7月份回款会超过200亿元，其他月份回款都会超过300亿元，全年将有超过3000亿元的销售额，会有充足的现金流。”

虽然孙宏斌清楚融创集团的资金链不会有问题，银行排查也是正常的行为，但当所有的矛头都指向他，他没有固执己见，而是冷静下来思考，或许有另一条出路：甩掉配搭，只要重点核心，这才应该是最完美的交易。

富力地产集团的出现，让孙宏斌看到了这个最完美交易的雏形，因此他大力促成三方交易，而非之前的双方协议。

但富力地产也不是吃素的，他们敢从半路杀出，就敢往下压价。335.95亿元的酒店项目，愣是被他们砍到了199.06亿元，那么问题就来了，如果融创还以原价收购文旅项目的话，交易价格就会差出100多亿元来。想要这笔生意谈成，必须有一方做出让步，万达是不会答应资产包的价格下调的，因为这已经是很实惠的价格了。

于是，在签约那天的下午，公告会迟迟没有召开，公告牌也从富力、融创和万达三方签署变更成融创和万达两方签署，所有人的目光都落在孙宏斌的身上，是独自购买这个资产包，还是和富力地产一起分食这个资产包？这是个问题。

在最后时刻，孙宏斌一点头：与富力地产集团一起买。

也就是说，万达的销售价格不变，富力地产出资199亿元购买酒店项目，融创则在295.74亿元的基础上再添加100多亿元，购买万达的13个文旅项目91%的股权。

这个价格比之前的作价要高出48%，而且还有454亿元的贷款需要承担。一时间，人们奔走相告：孙宏斌买亏了！

但孙宏斌却并不这样认为。他表示：这样的调整，对于融创来说，只会比前一个协议框架有更大的优势。因为，这样的交易降低了融创的负债水平，使融创的资金有了更好的流动性，而不至于全部积压在这个交易上。

至于多出来的那一百多亿元的差价，孙宏斌说，文旅项目资产包完全值得上这部分溢出的价格。

显然，孙宏斌早在做交易之前，就对文旅项目做了详细的调查，他知道万达文旅产业是中国文旅商业的先行者，从2000年开始到现在，已经有17年的历史，这17年足以让万达文旅成为非常成熟的产业。而且万达这次销售的13个文旅项目几乎覆盖了全国各地，基本上是万达17年来在文旅产业方面耕耘的全部。它的价值远远高于本身的300亿元和溢价100多亿元的总和，孙宏斌对它是志在必得。

“我就是这么算账的，花400多亿买来的资产（文旅城），算上账面现金，再算上销售额，就等于冲抵了收购的价格，还有比这更划算的买卖吗？”这个成熟稳重的男人，笑问采访他的人，也是在笑问天下。

3. 控股乐视，总要有个人站出来

两个山西运城人的交集

2017 年 7 月，中国的互联网是孙宏斌的互联网。之所以这样说，是因为在这个月里，一直低调的孙宏斌每天都盘踞在互联网的各大媒体头条上。除了万达收购事件，乐视管理层更迭也是造成这种现象的原因之一。

孙宏斌的名字一夜之间被网民熟知，每个人都在问，孙宏斌究竟是何方神圣？他有什么通天本事，竟然有能力同时参与两大集团公司的重大事件？

不过，孙宏斌可没有时间来回答网民们的疑问。他太忙了！一边是万达收购事件，一边是乐视董事会改组，这两件事情都需要他全神贯注地去做。

2017 年 7 月 6 日晚上，乐视网发布了一则公告："贾跃亭辞去公司董事长职务，公司董事会将重组。"

这则公告在互联网里激起的浪头，毫不亚于万达要出售酒店项目和文旅项目。要知道，成立于 2004 年的乐视公司，是中国互联网行业的巨头之一，在创始人贾跃亭的率领下，乐视团队打造出一个完整的乐视生态系统，被业界尊称为"乐视模式"。放眼世界互联网，能够获得这种称号的公司少之又少，可想而知，乐视的地位有多高。

乐视生态系统包括视频产业、内容产业和智能终端等，垂直产业链业务涵盖互联网视频、电子商务、互联网智能电动汽车等，旗下公司有乐视网、乐视影业、乐视投资、乐视移动智能等。据公司 2014 年的财务报表显示，仅 2014 年一年，乐视的全生态业务收入就达到 100 亿元。前文说过，融创集团 2016 年的年收入才 48.5 亿元，也就是说，早在 2014 年，乐视公司的收入就已经是融创集团 2016 年收入的两倍。

这样一家有实力、又有发展潜力的公司，怎么能不让人想要靠近呢？

但 2014 年的孙宏斌却从未和贾跃亭有过接触，在此之前也未曾有过。两个人唯一的交集，是他们的名字都在 2014 年的胡润全球富豪榜上，在榜单上，人们可以看到，贾跃亭的财富值是 270 亿元，名列该榜单大中华地区的第 61 名，而孙宏斌的财富值是 65 亿元，名列该榜单大中华地区的第 319 名。他们还有一个共同点：家乡都是山西省运城市。

这时的孙宏斌或许也想过要和这位老乡去认识和交流，毕竟英雄惜英雄嘛！但此时的孙宏斌正和绿城集团合作，在房地产行业做得风生水起，而贾跃亭则在忙碌他的超级汽车和汽车互联网“SEE”计划。两个人都很忙，谁也没有时间去结交一个业外的人。

2015年，是贾跃亭最春风得意的时候。他在春节向乐视员工发送新年邮件时宣布：2015年，乐视的总收入目标在230亿元，并实施人人持有乐视原始股的合伙人制计划，也就是每个员工都有乐视股份。

让我们来看看贾跃亭当初的这封邮件吧：

> 今年，超级电视的销售量将要达到300万～400万台，保有量超500万台；乐视生态的全球拓展将突飞猛进；乐视影业在适当时机注入到乐视网；乐视网也将实现用户和收入的高速增长，冲击全行业第一；乐视体育、乐视云计算将会带来更大的惊喜。我们将继续秉承奢侈科技、完整生态、两倍性能、一半价格的理念，在不久推出希望能够推动产业进步的重磅智能终端产品，完善乐视生态的核心一环，为风雨同舟不离不弃的乐迷、股东奉献更为极致的用户体验，创造最大的用户价值！
>
> 垂直整合的“平台＋内容＋终端＋应用”的乐视生态模式逐渐成型，正在发挥其强大的核聚变能力，下一个阶段，乐视将力争迈向千亿美元收入，成为伟大的全球生态型公司。

未来十年也将是中国产业互联网公司在全球范围内战胜美日韩企业的历史性机遇，乐视生态的垂直整合模式将为中国企业全球化成功探索出一条道路。

互联网时代下，衡量企业价值的核心指标，并不是其盈利能力，而是创造了多大的用户价值以及对行业的贡献、对社会的贡献、对人类的贡献。这也是我们“SEE 计划”的梦想所在。我坚信，超级汽车不仅仅将带来一场产业革命，而且最终可以为人们带来更多蓝天和新鲜纯净的空气，这本不该是生活的奢侈品。

我认为，从现在去定义未来，是不可能做出颠覆性产品，成为一个伟大公司的。而我主张的是从未来定义未来，再从未来定义现在。超级汽车战略正是从未来定义未来的汽车、从未来定义我们制造汽车的模式。我相信，超级汽车亮相之时，汽车会被重新定义，就像我们重新定义电视一样。

从这封邮件里，我们可以看到一个斗志昂扬的创业者，正催马扬鞭奔驰在人生的大路上。

但仅仅一年后，邮件里提到的乐视生态计划就让乐视的资金链条出现了问题。这时的贾跃亭不得不寻求融资，此时，孙宏斌走向了他。

乐视的融创投资：一次不再激进的跨界

2016年12月10日，是孙宏斌和贾跃亭初次见面的日子。俗话说，“老乡见老乡，两眼泪汪汪”，但这话用在这两位运城老乡身上却不合适，因为他们相谈甚欢，虽然只是第一次见面，却都有一见如故的感觉。

虽然他们身处不同的行业，却并不影响两个人的交流。对于有着传奇人生经历的孙宏斌，贾跃亭仰慕已久，而孙宏斌又对跨界的互联网行业充满兴趣，于是两个人畅谈起来，这一谈就谈了6个小时。

关于谈话的内容，后来贾跃亭在融创和乐视的联合发布会上披露了一部分，他说：“在一个月之前，由葛洲坝房地产公司的董事长何总推荐，我和孙总有了一次非常重要的交谈，那一天和孙总一见如故，我俩畅谈了6个小时，从6点多见面一直谈到将近凌晨1点，谈的非常非常热烈。”

此时的贾跃亭并不如表面看上去那么轻松，他的乐视因为资金链的断裂出了问题，已经宣布停牌，股票价格定格在35.8元。如果拉不到资金，那么乐视所要面临的将会是解体。在与孙宏斌见面之前，贾跃亭已经寻求了多家投资公司，都未能拉到资金，他甚至已经动了卖掉乐视大楼的念头。但也正是因为这念头，他才会和房地产界的老乡孙宏斌坐在了一起。

但贾跃亭并不知道，孙宏斌的兴趣不只是在买楼上面，他对乐视的互联网产业也很感兴趣。他想，或许这是一个跨界的机会！于是，在和贾跃亭谈了6个小时后，当贾跃亭终于忍不住谈到卖楼以获得资金时，他说："等一等，我们今天不仅仅要谈项目的事情，有可能要谈战略方面的事情，包括对你们整体战投的事情，我也比较感兴趣。"

贾跃亭闻言欣喜不已，他知道，这位老乡是出了名的"并购狂"，近一年来，他发起了包括绿城中国、雨润、佳兆业等多项大型并购。或许，他是乐视的"救火队员"呢？贾跃亭这样想着，于是非常坦诚地向孙宏斌讲述了乐视目前的状况："我们已经停牌了一段时间，也正在和其他的战投谈。自从出现这次资金紧张以来，很多公司都希望能够和乐视有深度的战投关系，包括互联网行业、IT行业、零售行业，甚至房地产行业，我们和很多巨头都有接触和谈判。"

贾跃亭的后半句话不假，这段时间，他的确和很多巨头接触和谈判过，但却鲜少有人愿意为乐视融资，这是因为在常人看来，他的梦想太过夸张，而乐视的局面也正是他那夸张的梦想所造成的。所以人们送了他一个"疯子和骗子"的称号，寻常人谁会把自己的资金投给一个疯狂的人呢？

但孙宏斌却不是寻常人！他是一个冒险家。

何为冒险家？就是敢于勇往直前的冒险者。孙宏斌这些年的经历，足以诠释他是一个冒险家。在冒险的路上，他也曾摔过跤，不过今天的他已经学会了沉稳，他在冒险之前，会探索清楚前路上的所有情况，他依然会冒险，但他绝不会盲目。

在接下来的一个月里，孙宏斌带领团队进驻乐视，对乐视进行研究和调查，同时，还和之前投资给乐视的联想等集团进行沟通和交流。他绝不会打无准备之仗。

融创董事会里对于投资给乐视的事情，也有各种不同的声音，他们担心贾跃亭拿到资金后，不知又会冒出什么更加离奇的念头来。但孙宏斌严谨的态度让他们都闭了嘴，最后，融创董事会一致同意，向乐视战略投资150亿元。这一天是2017年1月13日，距离孙宏斌和贾跃亭认识仅一个月。

“投资乐视是小钱，就是买一两个地产项目的钱。”孙宏斌在乐

视融创战略投资发布会上的发言让参会者都很好奇，他们想要看看两个激进的“狂人”的合作，能为乐视带来什么？

然而，当大家看清楚融创的资金投向乐视的哪些资产后都对孙宏斌有一种刮目相看的感觉。原来，孙宏斌将这150亿元资金全部投在包括乐视上市公司及影视、超级电视等在内的与互联网相关的优质板块，丝毫都未涉及导致乐视资金链断裂的乐视超级汽车等业务。而正是这些业务，让贾跃亭背上了“疯子”的名号。

有人不禁要问：为什么要这样安排资金？

孙宏斌解释说：“要先让上市部分和非上市部分缺钱的问题解决了，缺多少解决多少，汽车缺的太多，先解决能解决的。我本人不喜欢汽车，也不懂汽车。这次时间紧，还没来得及看汽车。”

显然，孙宏斌早已不是当年那个激进的孙宏斌，他乐于冒险，却也擅于趋避风险。

接盘乐视：总要有人站出来

当乐视获得融创的融资，便再次有了发展的资本。而孙宏斌也从房地产大佬跨入IT行业，因为他拥有了参与乐视董事会决策的权力。此时，人们才明白过来，融创的这一举动，显然不只是一次投资项目那么简单。

要知道，这几年来，因为各种原因，房地产行业的黄金时代已经过去，许多房地产商人都在寻求多元化，甚至有的已经转型，万达抛售房产就是一个典型的例子。作为房地产大佬，孙宏斌又怎么会不明白现状！在他内心深处，也早就有了向外延伸探索的念头，而且以融创现在的规模和资源，也完全有能力支撑公司去做新的规划和布局。

想要真正参与某个行业，就必须在那个行业拥有话语权。作为一名成功的商人，孙宏斌比谁都懂这个道理。

于是，在投资完成后，他要求乐视重组董事会并进行公司章程修改。在有五个席位的董事会里，有两名融创人为董事，而且乐视的重大事项须有三分之二的董事成员同意才能批准。也就是说，融创在这次投资中，不但购买了乐视的股份，还拥有了决策权。

在融创投资150亿元的带动下，乐视也拉动了其他融资。但这些资金并未能解救乐视，它一直处于运转不灵的状态。很多人都叹息，融创的150亿元投资打了水漂。

但孙宏斌却很乐观，他说："现在我们的投资逻辑很稳定，而且我们也特别有信心。当然任何投资都有风险，将来会打水漂吗？肯定不会，最多亏30%，涨的话300%。往下30%往上300%这是写在我们投资报告里的。往下的30还没到是吧，往上的300还需要五年时间。乐视的东西也没什么可说的了，我们投这个东西肯定没问题，大家放心吧。治理结构、资金这些都改善得特别好，资金没问题。其他地方都在改善中呢。该卖的卖掉了，该合作的合作掉了，都会好的。"

该合作的合作，该卖的就卖。这是孙宏斌的商业理念，干净利索，绝不拖泥带水。把这个理念执行到公司中去，就是对公司的结构进行调整和治理。在乐视方面，孙宏斌坚持的原则就是：保留上市公司和汽车计划，其他的比如中超之类的项目卖掉。

但即使是这样，依然没有能挽救乐视。

2017 年 7 月 6 日，就在孙宏斌计划收购万达资产包的时候，乐视发布公告：贾跃亭辞去乐视公司董事长的职务。一时间，与乐视有债务关系的公司和个人都慌了手脚，每天都有大批人赶往乐视总部，要求乐视偿还债务。

乐视员工们也都人心惶惶，那个在一年前曾经说要给每个员工股票的人已经下台，失业的阴影笼罩在他们头上。

就在这时，孙宏斌挺身站了出来。他安抚大家，让大家放心：“有我呢，融创不会眼睁睁地看着乐视倒闭，我们会让乐视公司安稳地落在地上。”

外界对此又是一片哗然，融创内部可想而知也会有不同的声音。但孙宏斌依然不改初衷，他说：“投乐视这三年内对我们的业绩没有任何影响，亏掉也要等你卖掉以后再亏，你不用担心。我就想说你要相信我们的能力，我们看事儿的能力。我们做了大量的工作看了大量的东西，不是说我们就看了一个就投了，我们看了大量的东西之后才投了这一个对吧。乐视不是平地，它有坑有山，大家放心我们是站在山上。这个投资到目前为止肯定很好，看三年也肯定很好，但是你非要看今天，我们说不清楚，我们投资是看得比较远的。”

孙宏斌的坚定，让外界纷纷猜想，他会成为乐视的董事长。然而，孙宏斌却只是摇头，他说：“融创的生意比乐视大多了。”

但他并没有撒手不管，而是全身心投入到乐视的重组中。他率领团队对乐视进行董事会改组，并对乐视的产业进行大刀阔斧的改革，加速上市公司和非上市公司的体系切割。他要让乐视翻盘。

7 月 21 日，乐视发布公告，宣布孙宏斌先生成为乐视的董事长。他向乐视的股东郑重承诺：“乐视从今以后将从激进发展战略转型为稳健发展战略。之前的战略是领先的，只是管理和经营出现了一些问题，今后我们将强化自制和大屏业务。”

有人问孙宏斌为什么在不想做乐视董事长的情况下，却又担任了乐视的董事长？这个成熟的男人淡淡地回答：“总是需要有人站出来的，不是嘛！”

短短的一句话，也反映出孙宏斌现在的状态：沉稳、有远见、有担当。在他身上，已经丝毫看不出“激进”的影子。而这个标签，曾经伴随了他整个青春岁月。

第二章　大起大落的联想少将

一初次见面的朋友说我不像他想的那样狂或张扬。其实，我的性格属于优柔寡断、内向腼腆的。为啥干事决绝？是因你一生中重要的抉择不超过十次，你一年中重要的决定不超过五次，把这些最重要的选择做对，并干得坚决义无反顾，其他的事对不对无所谓，随心随性好了。千万别每一场战斗都赢，最后输了整个战争。

——孙宏斌

1. 智商高绝，清华园里的少年郎

独立的孙家老大

时光回溯到 2004 年 7 月，孙宏斌时任顺驰集团的董事长。

有记者采访他，问到一个问题："我能感受到你的热情、狂热的追求、坚决的执行，你的性格与你的成长有关吗？人说 3 岁看老，能谈谈你的少年时候吗？"

孙宏斌回答："那是瞎扯，小时候不穿裤子，长大点穿开裆裤，然后就穿裤子……那没有意义，都是恶俗。其实我觉得一个人就是做你应该做的事，想明白了，就坚决去做，不管小时候穿什么裤子，是什么性格，只要坚决去做，都会成功。"

这是孙宏斌对自己童年的一个简单回答，一直以来，他对自己的童年和家庭都惜字如金。对于家庭保护严密，是一个男人保护家人的担当，对于童年只字不提，是因为他觉得，大家的童年都是那点事儿，那些所谓“儿时便是奇才”的言论，都只是编造故事罢了，没有任何意义。童年时候的孙宏斌，的确是看不出半分狂热的，他被锻炼的品质是独立。

1963年8月，全国人民的目光都落在山西太行山和华北平原上，一场特大洪水将那里变成了海洋。谁也不知道，距离太行山不远处的运城市临猗县角杯乡潘西村里，一个孙姓小男孩诞生了。中国那么大，每天都有很多婴儿出世，这个小男孩只是他们中的一员罢了，不足为奇。但对于孙家来说，却是一件大事，因为这个男孩是孙家的第一个孩子。

临猗县是一个产粮大县，但潘西村却是一个紧挨着黄河的偏僻村落。当地流行一句话：“有福人生在州城府县，没福人生在黄河两岸。”可见这里生活的艰苦。

居住在村庄里的孙家，千百年来一直过着面朝黄土背朝天的农居生活。但他们希望自己的儿子能够做一个文武双全的人，因此父母给他取了一个非常大气的名字：孙宏斌。后来，这个男孩用自己的勤奋和执着，成为了清华高才生和商业奇才，从而实现了父母的这一梦想。

不过，年幼时的孙宏斌可没有想这么多，他要面对的是生活。继他之后，又有三个孩子陆陆续续在这个家里诞生。当其他同龄孩子还在父母怀里撒娇时，孙宏斌已经成为一名老大哥，肩负起协助父母照顾三个弟弟的工作。

“你是老大，身为哥哥，你必须要坚强独立。”孙宏斌从小就被父母这样叮嘱。孙宏斌并没有让父母失望。在黄河岸边，在黄土崖上，他像一棵白杨树独立又顽强地成长着，倔强、挺拔、不偏不倚。

到了上学的年纪，孙宏斌每天做的事情，便是背起书包穿梭于家和学校之间。做完功课后的闲暇时光，他会站在黄土崖上瞭望宽阔的黄河，脑海里勾画着自己的梦想。

年少的孙宏斌有自己的梦想，他说：“人必须有梦想，不管什么时候，你一定要有梦想，梦想是什么并不重要，重要的是为了梦想而脚踏实地努力和奋斗。”

他立志，要走出潘西村，河水的尽头，是更广阔的世界，他要走向那里。这是少年孙宏斌的梦想。为此，孙宏斌刻苦学习。在十三四岁时，他便以优异的成绩考入高中，从此，他离开父母，去往远方求学。

世界像一幅画卷，向他徐徐展开。

清华高才生：成功就是持之以恒

离开父母的寄宿生涯，并不像表面看上去的那么自由自在，也会有寂寞和孤独。

现在的少年们处理这些问题的办法，就是上网、玩手机、打游戏，和同学去逛街。20 世纪 70 年代末 80 年代初的少年们虽然无网可上，但他们也有自己的消遣：驻队驻厂进行贫下中农再教育、参加各种社会性劳动任务。

无论哪个年代，什么形式，高中生们总是把自己搞得一副忙碌和热闹的样子。孙宏斌也在其列，但这些忙碌和热闹的时光，并不能排解他心中的寂寞。多年以后，他说："一个人应该慢慢学会享受独处的时光，年轻的时候总想把心中的寂寞和空虚用日程塞得满满的，其实忙碌和热闹并不能排解心中的寂寞。随着年龄增长，慢慢享受一个人看书、思考、跑步，甚或发呆。享受独处，让不管是高速上高铁上飞机上的长旅途变得享受，享受独处让生活变得悠然，享受独处也让心静谧愉悦。"

看书，思考。孙宏斌利用这两点来渡过独自在外求学的时光，并始终坚持下去。而持之以恒的力量，在三年后就显露了出来。

三年后，孙宏斌凭着优异的成绩考入武汉理工大学，或许是受了出生那年爆发大洪水的影响，抑或是别的原因，孙宏斌选择了水利专业。四年后，大学本科毕业的他选择了考研深造，于是考进清华大学，继续攻读水利专业硕士学位。

在 80 年代，能够考进大学，已经是一件很不容易的事情。而孙宏斌能够顺利进入全国著名的武汉大学，并攻读顶尖学府清华大学的硕士学位，正是他持之以恒的结果。

结果很重要！

孙宏斌说："结果重要还是过程重要？貌似先有鸡还是先有蛋的悖论，其实不是。肯定结果重要，你做事必须以结果为导向，意味着你知道自己想要什么，并为得到它而努力。当然过程也很重要，因为没有好的过程就难有好的结果。当然享受过程也很重要，要不人生就太悲惨了。过程重要，享受过程中的乐趣更重要，但所有的动作都要指向结果。"

一个成功的人士，对所要走的方向和结果，总是有着明晰的认识。只有这样，才会坚持不懈地走下去。

孙宏斌对自己的求学经历只字不提，这在他看来是毫无意义。但武汉大学水利专业和清华大学水利专业可不是普通的大学和专业，两者都是国内外水利水电科学研究的重要基地，是专门培养水利水电高级人才的摇篮，在国内外都占有重要的地位。

我们可以想象得到，孙宏斌能够考进这两所学校求学，过程并非如他的简历中一笔带过那样轻描淡写。一定经历了许多废寝忘食的学习、承受了许多竞争压力，在这个过程中，必定会遇到各种问题。

但孙宏斌觉得，问题不可怕，可怕的是问题背后的惯性。什么是惯性？孙宏斌思考后得出答案："做得不好失去信心是惯性，做得好自满也是惯性；混得不好破罐子破摔是惯性，混得好一直往前奔不知为了啥也是惯性。"

"我们必须不断克服惯性。有时候我们需要停下来想想为什么再往前走，有时候需要给自己定新方向、新目标、新要求，有时需要站住找到信心再往前走。因为我们经常觉得司空见惯理所当然的事是错的。"

看书，思考，让孙宏斌学会了与孤独和寂寞中的自己相处。这个习惯他一直保留了下来，现在的他依然坚持看书和思考，只不过所看的书和求学时所看的书不同罢了。有一年春节期间，其他商人都在忙着拜会客户拉拢关系，孙宏斌却在书房里看书。有朋友请他推荐书名时，他列了一个书单，如下：《John Grisham: The Racketeer》《Lee Child: Deep down》《David Baldacci: The Innocent》《Jim Collins: Great by Choice》《Charles Duhigg: The Power of Habit》。

从这个书单中不难看出：孙宏斌不只是爱读书，尤其酷爱美国原版书，涉猎更是非常广泛。虽然，他的成功与他的商业头脑有关，但这些阅读和思考，也正是他成为商业奇才的过程中一个不可忽略的元素。

而持之以恒，则帮助他学业成功。事实证明，多年后，也正是这两点，让他的事业获得一次又一次的成功。

2. 谋才大略，联想公司的虎将军

改变你行动的理想，才是真理想

按照孙宏斌的求学经历，他应该在水利水电部门或科研单位工作，以他的学历资质，甚至有可能进入政治圈，在那里一展宏图。

但孙宏斌并没有按照预定的轨迹走。本硕专攻水利的他在毕业后，选择进入 IT 行业，做了联想集团公司的一名员工。

后来，在他的公司上市后，有记者采访他时问：“你的理想是什么呢？”

孙宏斌回答：“我觉得理想是什么不重要。你小时候的理想可能是要当科学家、要当兵，但是随着年龄增长理想总在变。我觉得理想是什么并不重要，重要的是人要有理想。”

“我肯定是有理想的人。我尊重所有有理想的人，不管你的理想是什么，也不管你的理想是不是总在变。但如果你有一远大理想，每天该干啥还干啥，那要理想有什么用？理想必须要改变你今天干什么；改变你做事情的轻重缓急；改变你时间、精力、金钱的分配。能有如此理想才有用。”

毋庸置疑，孙宏斌是有理想的。不过他的理想并没有落实到具体的某个职业上，他不给自己的人生设限！

少年时期的孙宏斌，理想是走出黄土地，于是他努力学习；求学时期的孙宏斌，理想是上最好的学校和专业，于是他选择武汉大学和清华大学；毕业后的他，理想是投入广阔的世界，于是他选择投身商海。

他在进入联想集团公司之前，已经被分配到了一个科研单位，做着朝九暮五的工作，过着闲适安逸的生活。这是多少人梦寐以求的生活啊！现在很多人拼命考公务员，就只为能过上这种生活。然而，孙宏斌却觉得无味极了。

80年代末期，改革的旗帜冉冉升起。商海的波澜壮阔和无限可能，吸引着孙宏斌的目光，他做出了一个决定：“辞去科研单位的工作，去联想应聘工作。”

他的这个举动震惊了亲朋好友和同学们，有人在背后议论，放着铁饭碗不要，要去做一名没有任何保障的民营企业的员工，一直做事靠谱的孙宏斌这是怎么了？

这样的议论一直伴随着孙宏斌的人生。在后来的顺驰没落、融创诞生、投资乐视、购买万达等一桩桩事件中，只要提到孙宏斌，都能听到这样的议论。

现在的孙宏斌听到这样的议论，只是淡然一笑，然后回答："我只是一个经历多一些的普通男人，感性、幽默、重情、重义，如此而已。"

然而，青年孙宏斌可不会这样回答，他认为疯狂点没什么不好！即使是现在，传奇的人生已经将他打磨得足够沉稳，他依然觉得，年轻需要疯狂一点。他说："这世界确实需要疯狂性格的人，做人也需要某些疯狂的时刻，要不然这世界会多么平淡乏味无趣？疯狂就是不惜性命的激情，不惜代价的投入，不顾一切地坚持。趁年轻做点疯狂的事吧。"

1988 年，在所有人惊诧的目光中，孙宏斌离开了工作稳定的科研单位，一头扎进了联想的怀抱，事实证明，也正是这个选择，成就了一个传奇的孙宏斌。试想，如果孙宏斌一直待在科研单位，那么他会过着一帆风顺的生活，他的人生也会波澜不惊，但他想要去广阔世界里创造无限可能的理想，只会被一成不变的生活吞噬。

要去广阔世界创造无限可能的理想，改变了孙宏斌的人生轨迹，但也正是这个理想，成就了孙宏斌的传奇人生。恰如他说的那样：改变你的行动的理想，才是真的理想。

信心，铸就25岁的商业奇才

孙宏斌说：其实，我是一名理想主义者！

在他看来，做生意的话，挣钱是最重要的，但光挣钱，也没有什么意思。在他心里，有比钱更重要的东西，那就是理想和情怀。

为此，孙宏斌打了一个比喻。他说："在美国，像奥巴马这样的哈佛毕业生可以挣很多钱，但是他去当没有多少薪水的参议员，后来当总统。当总统当然好，问题是他并不知道自己能当成总统。"

奥巴马在当选总统之前，并不知道自己有朝一日能够成为总统，但他的理想是参政，他梦想着为国家为人民做一点事情，所以，即使不挣钱，奥巴马依然义无反顾地走上了从政之路。激励他走下去的，正是这种理想。

孙宏斌恰好相反，年轻的他对从政没有兴趣，他的理想是经商，在商海开拓出属于自己的一片领地。

虽然学的是水利专业，但孙宏斌却有极高的经商天赋。他是最了解自己的人，所以才会在放弃铁饭碗时充满信心。可以说，信心一直伴随着他走过人生的低谷和风雨，帮助他一次次攀上成功的巅峰。

后来，孙宏斌在谈到信心时，再三重申信心很重要。他说："信心有那么重要吗？当然。如果你有理想、有追求、目标远大，如果你做的事很难，信心就很重要。”正是这份信心，让他在联想集团公司（孙宏斌刚进入联想集团时，联想集团名为中国科学院新技术发展公司）仅三年时间，便成为一个独当一面的角色。

那信心从何而来呢？

对于有经验的人来说，信心来源于判断，更来源于办法和措施。因为经历过，所以知道怎样去趋吉避凶，知道怎样才能顺利到达彼岸。但对于没有经验的人，信心则来源于决心和努力。有了决心，才会很坚定地行动，说话也会很笃定和从容。

虽然孙宏斌只是一名 25 岁的年轻人，而且是一个新人，但他的信心却感染着联想公司的每一个人。真正的信心是能被感染和传递的，很快，公司的积极气氛就被这个浓眉大眼的山西小伙子带动了起来，所有人都充满信心，联想企业的效率也飞速提高，这让联想的掌舵人柳传志眼前一亮。

在此之前，联想的管理班子已进入老龄化，管理模式也陷入僵化和落后状态。眼看着公司的业务一天天下滑，柳传志正焦头烂额呢，孙宏斌如一匹矫健的骏马，突然飞奔出来。阅人无数的柳传志坚信他一定能够带领联想冲出僵局，于是，在孙宏斌进入联想后不久，就被提拔成为联想企业发展部的主管，分管着联想集团除了北京之外的所有业务。

或许有人会说，孙宏斌能够在 25 岁就坐上联想发展部主管的位置，恰好是因为当时柳传志想要给联想集团输送年轻的新鲜血液，以此谋划联想的未来，而他又赶上了那个机遇而已。但要知道，同时受到柳传志青睐的年轻人可不是只有孙宏斌，还有杨元庆和郭为等，都是很有实力的联想新人。

一家想要输入新鲜血液的公司在选拔管理层人员时，是这样的情况：在同一家同事面前，比年龄；在相同的年龄面前，比实力；在相同的实力面前，比信心。孙宏斌能够从众多优秀的同龄人中脱颖而出，就是因为他具有无人能比的信心。

他的信心不但让柳传志和联想其他管理层的工作人员欣赏，也让员工们仰慕，他们纷纷靠过来，聚拢在孙宏斌的幕下，唯他马首是瞻。

孙宏斌也没有让大家失望，他很快就在全国各地创办了 18 家联想分公司。让联想从规模和营业额上都获得爆炸性的增长，孙宏斌也因此成了 20 世纪 80 年代末 90 年代初最年轻的商海奇才。

3. 年少轻狂，经济问题背后的真相

一心想做元帅，孰料祸根暗植

孙宏斌离开科研单位进入联想之前，曾经说出自己的想法：“做科研，一眼能看到头，能看到你六十岁是什么，就是高级工程师、教授。但是你要是下海做生意，你看不到头，前面都是未知的，挑战要大得多。”

说完这话仅仅三年时间，他就遇到了生命中的第一次大挑战。而这次挑战，也成为孙宏斌后来一直被世人津津乐道的话题，这就是联想入狱事件。

柳传志在将进入联想不到两年的孙宏斌提拔为企业发展部主管，

并将联想北京以外的全部业务交给他打理后，便提着 30 万港币急匆匆奔赴香港，去成立联想合资公司。

管理层有所阻拦，说这样的提拔和重用太破格了，在联想乃至其他公司，都未曾有过这样重用一名新人的历史纪录，而且这个年轻人太敢闯了，他不知道会把联想带向何方？他们劝柳传志要慎重。

柳传志没有听取管理层的意见。他说："人才分三种。一种是自己可以干成一件事，一种是可以带领一批人干成一件事，第三种是能审时度势，能一眼看到底。第三种人很少，孙宏斌就属于第三种人。现在就缺这样的年轻人，年轻人就得有闯劲儿。"

对于孙宏斌来说，柳传志的表扬是一种肯定，更是一种激励。多年以后，提到这事儿，孙宏斌说："你不知道，柳传志的正面评价对于一个联想员工来说是多么重要！"

一个有理想的年轻人，总是会对自己有知遇之恩的人心怀感恩，孙宏斌也不例外。孙宏斌一直对外都说自己的感性多于理性，在联想工作期间的他，完美地诠释了这一点。柳传志的认可，让孙宏斌充满力量，虽然他才刚涉入商界，却毫不畏手畏脚，率领着自己的团队大步走在前进的路上。经过努力，联想的产品销售额便达到1000万元人民币，这个销售额将联想从要死不活的状态里拉出来，重新注入了活力。

然而，事业做得红红火火的孙宏斌并不知道，当他在前方努力打拼的时候，后方却有人在为他布局，只等时机成熟，便会将他收入局中。

1990年的一天，在香港的柳传志收到从北京发来的一封邮件，邮件里全部是对孙宏斌的控诉："结党营私、分裂联想。"邮件里还说，倘若柳传志再不回来，联想就要失控了。写信人的语气严肃得让见惯大风大浪的柳传志如坐针毡，他马上购买飞机票，飞回了北京。

柳传志经过一番调查后，也觉得孙宏斌的威信树立得实在是太高了，无论是在人员的调度上，还是在财务方面，都由他一手把管，集团总部随时都有失控的危险，这对柳传志来说，问题很严重。

柳传志并不认为孙宏斌会背叛他，因为他相信这个年轻人的人品，绝对不会做出那种卑鄙的事情来。但他要对联想集团的其他管理层有所交代，所以必须要处理这个问题，于是他想了一个折中的办法，既可以留住孙宏斌这个人才，又能解除联想管理层的后顾之忧。

有情有义，代价是失去四年自由

柳传志开了一个员工会议，那天，孙宏斌没到场。后来回想起这件事情，孙宏斌无论如何也想不起自己当时没到场的原因了。倘若那天孙宏斌在场的话，事情也许会是另一番景象，孙宏斌也不会背上经济问题锒铛入狱，很多事情往往就是这样的阴差阳错。

在孙宏斌缺席的会议上，柳传志公布了一个调令：孙宏斌调离发展部，去业务部继续担任主管。

柳传志一片爱才的苦心，并没有被员工们领悟出来。这些员工都是孙宏斌的下属，一群血气方刚的年轻人，平日里对孙宏斌爱戴有加，他们崇拜孙宏斌，他们也想不通，为公司打拼的上司，怎么突然间就落得调离职位的下场？

他们不服，也心疼孙宏斌，当即和柳传志吵了起来。这下子惹恼了柳传志，作为一名公司员工，公然顶撞和挑衅总裁，压根儿就不把企业规则放在眼里，更别提遵守了，这样以后公司还怎么管理？

柳传志要孙宏斌将这几名员工开除。事实上，在会议现场，他完全有权力将这几名员工开除，但他没有那样做，他希望孙宏斌来开除他们。借此，他要让联想集团管理层的人们看到孙宏斌对他柳传志、对联想集团的忠诚。

然而，现实让柳传志再一次失望了！

孙宏斌拒绝了柳传志的要求，他说："柳总，我不能开除他们。他们只是向您提出了一些意见而已，我不能因为这个原因开除他们。"

此时的孙宏斌，尚未意识到柳传志的身不由己，也未意识到柳传志的良苦用心。

又过了几天，柳传志再次约谈孙宏斌，这次，他直接明了地对孙宏斌说："你是要我，还是要那几个下属？"

一心扑在工作中的孙宏斌，终于感觉到了事情的严重性，但他依然选择了维护下属们。他说："如果他们真的有问题，我肯定会开除他们。但事实上，您不了解他们，他们并不坏。如果只是因为给您提了点意见就要开除他们，我觉得这样对他们不公平。"

孙宏斌接着又说了一句："这样做的话，以后我在这个部门的威信就不复存在了，我也没法管员工。"此时的他，还满脑子都是怎样把联想集团做大、怎样把团队做好的想法。他压根儿没有想到，当他选择站在下属这一边时，就意味着他要和柳传志的管理层决裂了。

此时的柳传志尽管对孙宏斌满怀失望，但依然怀有惜才的念头，他希望可以把他留在公司，但几天后的一次密报，让他彻底寒了心。

有一天，企发部的人在北大勺园餐厅开会。下属们纷纷为孙宏斌抱不平，其中有性格莽撞冲动的，说应该转移财富另立山头。

说者无心，听者有意。当初布局害孙宏斌的人早已经布下密报，就为抓住把柄打倒他，这下子机会来了。这些激烈的过头话很快就传到了柳传志的耳朵里，他不得不出手，将孙宏斌以经济问题送进了监狱。

这一去就是四年。

反思，是为了将来走得更好

多年以后，孙宏斌非常理解柳传志的这种做法，他说："当时的情况肯定没有他们想象得那么严重，但是在那种情况下，他必须那样判断。因为环境在那里，周围老同志都那么说，那些年轻人确实说过那样的话，他只能做那样的选择。柳总还是为企业负责，他是一个要求过于严格的人，他对自己要求非常非常严格。他对这个企业的感情如此深厚，我想他为联想做任何事情都不会后悔。"

孙宏斌是一个擅于思考的人，这一点咱们早就知道。在失去自由的这四年里，他沉默寡言，却一分一秒都未停止思考。

"我反思这段经历，更多地找自己的问题。我当时比较年轻，比较气盛，或者说比较急躁，其实还是太嫩，很多事情想得太简单，出了这些事还是在自己，但是这种经历，我不希望被一块石头绊倒两次，怎么样才能从前面吸取教训，怎么样才能在将来走得更好。"孙宏斌思考的结果，就是放下这块石头往前走。

他也不怨恨柳传志，即使他在这四年里吃尽了苦头，但他依然能够换位去思考柳传志的做法："其实我从柳总身上学得最多的，是他做事非常坚决，另外他又很宽容，这两方面对我影响很大。柳总在反思这件事的时候，他实际上也在提高。但要从头再来一次，我估计他还这样做。也许我碰到这样的问题，也这样做。没有对错。当时柳总说，他把这件事当成联想生死存亡的大事，在那种情况下的那种坚决，是柳总骨子里的东西，如果不这样的话，他就不是柳传志了。"

这件事情也让孙宏斌懂得了一个道理："作为领导，能担多大的功劳，就要做好承受多大的委屈。因为有些功劳本不是你干的事算你头上了，所以有的委屈也并不是你的事，算在你头上也很正常。没有人故意要去做什么，每个人都在受偶然性影响，我觉得每个人都得认，不管好的坏的都得认。"

做一个有情有义的人，有时候是需要付出代价的。孙宏斌的代价是失去了四年的自由。不过，他并不后悔这样的选择。而且，在 2003 年，他向北京市海淀区人民法院提出"取消原判决改判无罪"的申诉，并申诉成功。在这个申诉的过程中，柳传志和联想集团都全力支持他。事实证明，他是清白的！

"如果那帮人不胡说八道就没事了。"多年以后重提这件事情，孙宏斌只是轻轻地叹息这一句话。不过，如果时光重来，他还是会维护他们。只不过，他再也不会像年轻时那样，以硬碰硬了。

4. 主动和好，能屈能伸的大丈夫

加法哲学优于减法哲学

1994年3月27日，是孙宏斌永生难忘的日子。

这一天，他重获自由。

但他并没有像一般被冤屈的人那样，提着大刀去理论、去寻仇。在这四年里，他思考的最重要的一点就是：往前看，不要往后看。

往前看，才能有新的广阔天地。往后看，只能看到各种纠葛和恩怨。聪明人，当然选择前者。

但他想忘记，却有很多人提醒他不要忘记。

在某一个晚上，一位朋友邀请孙宏斌去东四十条桥保利大厦的“伊甸园”喝酒。一路上，孙宏斌都望着车窗外沉默不语，在他眼里，中关村已经不复当初的模样，不过四年时间而已。而这四年时间里，他并没有参与到这一切变化中来。

进入酒吧后，摇曳的美酒、五彩的灯光、穿行于光影中的漂亮女招待，都让他异常陌生。这不是他习惯的北京，不是他习惯的生活。四年时间，足以让他与生活短暂脱节，这种脱节让他非常不适应。

看着沉默不语的孙宏斌，一位朋友问他：“听说你已经与柳传志和好了？”

孙宏斌回答：“是的。”

朋友问：“真的还是假的？”

孙宏斌摇头：“真的。”

朋友：“是不是缓兵之计？”

孙宏斌答：“不是。”

朋友不解：“他害得你平白无故地遭受牢狱之灾，你竟然与他和好！为什么？”

孙宏斌回答：“如果你真是使缓兵之计，计划等你磨刀以后再怎么着的话，那么你就永远没戏了。为什么？因为你自己想不开，别人早晚能看出来。如果想不开，我出来以后拎着把刀子就把柳传志给宰了，但是你拎着刀子，谁也不敢跟你打交道了，你这一辈子就永远没戏了。但如果你把这件事划得开的话，有什么事还能划不开呢？所以你必须划得开。有了这种心态以后，你做事可就一定是正面的，一定不能去假装什么。”

朋友没有再继续问下去。而孙宏斌知道，自己的做法是正确的。

之所以有这个做法，是因为他在这四年里一直思考加法哲学和减法哲学的问题。所谓加法哲学，就是在错误面前，承认，是加分；拒绝承认，是减分。

在2013年，他说道："每个人、每个企业都会犯错误，承认错误、改正错误，我们就会进步和发展。但承认错误其实很难，尤其是对曾经成功或是位高权重的人，有时候错误就像皇帝的新衣，别人都知道都不愿意说，自己也知道就是不愿意承认。处在任何位置的人承认错误都不丢人，都是加分的。分辨对错不难，承认错误、改正错误需要勇气。"

在这件事情上，他承认自己太年轻，性格太刚硬，所以才会导致事情发展到不可控制的局面。这对于他来说，是一次加分，因为以后的人生还长得很，但他再也不会犯同样的错误了。

倘若他拒绝承认错误，一味地觉得这就是其他人的错，而并没有认识到自己的缺点，那么在未来的日子里，他还有可能因为性格太刚硬犯错误，真到那时候，就是减分了。

"我希望我是一个正面的人，特别积极的人。"在悟透了加法哲学优于减法哲学的道理后，孙宏斌如是说。

握手言和，拒绝往后看

在孙宏斌的传奇人生中，有太多的事情值得用大量笔墨来写，比如创建顺驰和融创、并购万达、救火绿城和乐视。而以孙宏斌的性格，也有很多事情可以忽略不计，比如童年、比如求学。

然而，有一件事情还是值得说一说，那就是孙宏斌与柳传志握手言和的那件事情。是这件事情奠定了孙宏斌以后的人生格局，让他学会了往前看而不是往后看，也是这件事情，让人们看到了一个胸怀宽广的孙宏斌，他不和别人较劲儿，也不和自己较劲儿。

这件事情发生在 1994 年 3 月 9 日。那天，距离他重获自由还有 18 天时间。

当时，孙宏斌接受去买软件的任务，他托人邀请柳传志到新世纪饭店楼顶的川菜馆吃饭。柳传志应邀而来，曾经相互青睐的上下属，在隔着四年时光之后，再次见面了。

孙宏斌向柳传志问好，并向他说出自己在这件事情中的无奈，他说："我做事的动机都是为了联想的发展，没有任何个人的私利，我没有罪。不过，我必须要承认，我的做法不妥，给联想造成了不良的影响。"

四年的时间，并没有让柳传志放下这件事情，他依然耿耿于怀那个固执地选择维护几个“青瓜蛋子”却拒绝他的好意的孙宏斌。但此时，听了孙宏斌的反思，他的心结慢慢打开了。

孙宏斌说：“我不希望被一块石头绊倒两次，怎么能从前面吸取教训，怎么让将来走得更好。”

这一番话让柳传志对他刮目相看，因为他看过太多人入狱后便被打击得意志消沉，最终堕落的样子，却没有见过始终保持着上进情绪的年轻人。他由衷佩服，后来，他对记者说：“孙宏斌应该是一个很好的年轻人的榜样，年轻人很难说不犯错误，但我们看到他很快又站起来了。”

没有指责、没有怨恨，两个人，在这一刻握手言和！

2004年，柳传志更是为了帮孙宏斌洗刷法律污点，以公司名义写了一份说明。说明内容如下：

联想就孙宏斌事件的说明

孙宏斌在20世纪八十年代末九十年代初，是联想集团职员，负责联想集团除北京以外全国各地的业务发展，他领导的团队管理着当时联想在各地的分公司。

在此期间，孙宏斌和他领导的团队在管理理念上与集团发生了激烈的冲突，乃至发生了严重违反公司规章制度的行为，其中最重要的表现是试图独立掌控资金，使其所管理的业务独立于公司的监控体系之外，也确实造成了资金在公司财务体系之外的运行缺乏监督监控的事实。而且，当时在孙宏斌的团队中有一些人存在着更为严重的问题，他们放言要将公司的款卷走，这样的行为已处于法律边缘，由于难以判明孙宏斌的主观动机，为了控制事态发展，防止损失，公司采取了果断措施，请求司法机关立案查处。孙宏斌因挪用公款罪被判处有期徒刑五年。

公司了解到孙宏斌在服刑期间有着很好的表现，对自己错误的做法有了很好的认识。在孙宏斌出来后初期创业过程中，给了积极的扶持和鼓励。目前联想控股旗下子公司与孙宏斌在业务上有很好的合作。我们希望孙宏斌的业务能够得到顺利发展。

事过十几年，对于孙宏斌申请再审的诉求，联想控股公司不持异议，对于法院依法重审改判，我们认为是国家审判机关独立行使法律职权的行为。我们予以尊重。

这份迟到的说明，还了孙宏斌的清白，也证明了柳传志对孙宏斌的欣赏，他希望可以借此，让孙宏斌以后全身心投入商海，而不是被污点所累。

因为抱着往前看而不是往后看的态度，孙宏斌赢得了柳传志的再次欣赏。

5. 留学海外，哈佛大学的蛰伏者

读书，等你有用时再去读好了

在孙宏斌的微博里，有这样一段话：“一个明年毕业的学生问我，毕业后是工作好？还是考研好？我说肯定是工作好，除非你将来要做教授或做科学家。因为读研后，你所处的环境还和原来一样，同学还和原来相似，老师水平也和原来一样，你能学到多少将来工作有用的？也许你工作后就再也不想读研了，也许工作几年再想去读书，那时候读书可能真有用了。”

作为一名清华大学的硕士研究生，又在民营企业和科研单位都待过，孙宏斌对什么时候考研这个问题最有发言权。

“工作几年再想去读书，到那时候的读书，才可能是真的有用”这句话，是孙宏斌完全根据自己的实际经验总结出来的。因为已经是清华大学硕士生的他，依然在工作几年后，跑去美国读了一段时间的书。

孙宏斌就读的是美国哈佛大学商业管理专业的MBA。当时是1999年，他创建的顺驰公司正做得有声有色。但孙宏斌并没有留恋权位和金钱，他任命张桂宗为顺驰公司董事局主席，并将公司交给他打理，自己淡出了媒体的视线。后来有人在美国的哈佛大学看到孙宏斌的身影，这才知道，这位传奇人物蛰伏在哈佛大学里面。

孙宏斌虽然在商海里经常一鸣惊人，但他的私生活实在是低调得很。在众多的官方媒体报道中，都很难找到当年他在哈佛攻读MBA的官方报道，直到2010年，国内知名网站中国校友会网发布的《2010中国亿万富豪调查报告》中，孙宏斌的大名位列榜首，这才坐实了他去哈佛求学的事实。

两年后，孙宏斌发了一条微博，他说：“在哈佛上课时，一个美国同学说新加坡是个公司不是个国家，招来了一个新加坡同学的强烈抗议，要求道歉，那同学道歉说他其实挺喜欢新加坡这个城市，又遭来抗议。那时还没来过新加坡，后来每次来，总觉得在离中国这么远的地方有一个国家讲中文吃中餐，中国人有份说了算有面子。多几个这样的国家也不错。”这也再次证实了他哈佛学子的身份。

虽然当时的他才36岁，但他有多重身份：清华大学的硕士生、成功的房地产业大佬、久经沙场的商人……无论是从知识积累来说，还是从阅历和经验来说，孙宏斌都堪称他人的教父，很多人都以他为榜样。他还需要学习吗？

孙宏斌肯定地告诉大家：需要。

他觉得自己在管理方面的经验非常不足，这可能是和他当初带领联想的团队出现无法逆转并让他承受巨大代价的事件有关。

他需要去学习一下管理经验，于是孙宏斌就报考了哈佛大学的MBA。所谓活到老，学到老。只要肯学习，什么时候都不会太迟。

孙宏斌带着这样的念头踏进了哈佛大学的校门，在这里，他将看到世界顶级管理者们如何对公司进行归纳和管理，孙宏斌在其中学到了很多经验。

打造优质团队，来自哈佛的悟道

一个人想要学习东西，最好的办法便是选择最好的学校，然后进行系统的学习。等到几年以后，你会发现，自己从内到外都会发生巨大的变化。

孙宏斌自从报名了哈佛大学后，一年时间里，总会有一半的时间居住在美国。他的爱好并不多，只是看看书而已，其他时间即使空余，也不会想要做什么。现在有了在哈佛大学里面学习的机会，孙宏斌开始啃起书本来。

其实，在世界顶级大学里学习，课本上的知识固然重要，但人脉才是最重要的。一个好汉三个帮，孙宏斌很快就明白自己置身于怎样的一个人脉圈子中了。

在这里，所有同学都不是普通人，他们很多人都是来自全球500强企业的管理者。与他们在一起，孙宏斌学到了许许多多世界上最为先进的管理方法和企业营销手段。

他说："企业领导对人对事的态度，在管理中的作用比我们想的都重要。一是，当碰到任何一件事情，你一定要有明确的态度，不能模棱两可；二是，当任何事情发生的时候，即使不问你，你一定要让所有人都知道你的态度。"

其实，孙宏斌虽然不是商业科班出身，但他早在带领团队的时候，就曾表示，自己对管理的理想状态，是不管发生什么事情，员工不用问他就知道他的态度。当然，这很难做到，但对于管理一个公司来说，这很重要。

除了管理经验和营销策略，孙宏斌也学会了认识自己。认识自己，是一个成功人士的必修课，因为只有认识自己，弄清自己的真正价值在哪里，才能获得成功。

为此，孙宏斌还专门列举出一个投行小兄弟的故事："一投行小兄弟抱怨混得不好，想跳槽，我问他有什么优势？他说，毕业于哈佛，英语如母语，懂经管懂投行运作等等。我说'别扯了，老板聘你是因为哈佛毕业的，用你是因为你会说中文，了解中国的事情，理解中国的企业家，能给他挣钱。不理解这个你怎么混得好？不管在哪儿干，得知道你的真正价值是什么。’”

除了自身价值，孙宏斌还学会怎样打造一支优质团队。上次联想翻船，他就是被团队所累，同样的错误绝对不能犯第二次，所以他要打造一支好的团队。

经过一番学习后，孙宏斌学会了打造团队的四个原则：“一是必须有理想、有事业心、有共同的价值观；二是个人能力一定要互补，不能都找能力和你相似的人，个人可以有不足，团队不能有短板；三是每个人要有独立作战、独当一面、独立发展的能力，有这样的团队公司才能有发展空间；四是我管的团队不能太多人，喝酒时一桌一定要都坐得下。”

同时，他还明白了“团队内部必须是支持、帮助、合作、补台，而不是竞争的氛围。因为只有英雄的团队，才能出英雄，在一个英雄的团队里，你在组织内部发展和提升的机会要多很多，你在组织外找到的好机会也多很多。所以首先你要找到并加入优秀的团队；其次，你要和其他人一起让团队成为一个英雄的团队，这样你才能有更多的机会和更好的发展。”

打造一支好的团队，首先需要领导是一个优秀的、有担当的领导。那怎样才能做到有担当呢？

孙宏斌说：“做一个好的领导，首先站位要高，想问题要系统全面，做事要抓重点、抓细节、抓落实。人品要好，有业务能力，有判断力，做人成熟，能带出执行力强的团队。”

但这些都不是最难的，在孙宏斌看来，最难做到的还是有担当，有担当，说起来容易做到很难。不过，当他因为下属们的错误而承担了四年失去自由的责任的那一刻时，就已经做到了。

普鲁斯特问卷：最想拥有的才华是远见

如果说，从孙宏斌人生的第一次大起大落到他去哈佛求学的思想理念和心路历程来看，依然不能让我们对这个男子有更全面的认识的话，那么，就请看一下他交出的那份普鲁斯特问卷的答案吧。

普鲁斯特问卷，是由欧洲最伟大作家之一的马塞尔·普鲁斯特做调查时，想出来的一系列问题。后来由著名杂志《名利场》做成问答专栏，取名为普鲁斯特问卷。

这份问卷由一系列的问题组成，回答囊括了被提问者的生活、思想、人生经验和价值观等多个方面。历年来，无数名人都回答过这份问卷，其中最著名的便是普鲁斯特的回答了。

（1）普鲁斯特的思想

①你最显著的特质是什么？

普鲁斯特：渴望被爱，或者说，希望被关怀、被溺爱胜过被钦佩和赞赏。

②你最喜欢男性身上的什么品质？

普鲁斯特：有着男性的美德，在友谊中率直、真诚。

③你最喜欢女性身上的什么品质？

普鲁斯特：温柔的、女性的迷人气质，阴柔的吸引力。

④你最看重朋友拥有什么样的品质？

普鲁斯特：敏感，倘若他们对我具有某种身体上的吸引力，那他们的敏感就是我需要的。

⑤你天性中的缺点是什么？

普鲁斯特：缺乏理解能力，意志力不强。

⑥你认为完美的快乐是什么样子的？

普鲁斯特：没有，恐怕那是一种很崇高的东西，我还没有勇气来说它到底是什么样子的。假使敢于表达，恐怕在说出来的那一刻，已经破坏了它。

⑦你最伤痛的是什么？

普鲁斯特：从不曾见过我的母亲与我的祖母。

⑧你最想成为什么？

普鲁斯特：我自己，就如那些我赞赏的人希望我成为的那种人。

⑨你最想在哪个国家生活？

普鲁斯特：一个能让我对某些事确定不疑的国家，在那里，敏感温柔的思绪总是可以得到回应。

⑩你最喜欢的小说中的男主角是什么？

普鲁斯特：哈姆雷特。

⑪什么是你最不喜欢的？

普鲁斯特：我自己的，最糟糕的品质。

⑫你最希望具有怎样的天赋？

普鲁斯特：意志力强与难以抗拒的吸引力。

⑬你感觉最被纵容的错误是什么？

普鲁斯特：那些我可以理解的错误。

⑭什么是你的座右铭？

普鲁斯特：我宁愿不说，担心那会带给我坏运气。

……

从普鲁斯特的回答中，我们可以清晰地看到普鲁斯特的思想和观念。也就是说，人们能通过这份问卷看到一个真实的回答者，更能通过这份问卷看到回答者的思想和灵魂。所以，普鲁斯特问卷一直以来都备受世人推崇。

那么，接下来我们来看看孙宏斌是怎么回答这份问卷的吧。

（2）孙宏斌：只要有自信，什么问题都不是问题

作为一名不断书写传奇的人物，孙宏斌也被邀请来回答这份问卷。

①你认为最理想的快乐是什么样的？

孙宏斌：事情做成时最快乐。

②你最害怕的是什么？

孙宏斌：有时候会怕死，想到人这一辈子就那样死了，觉得是一件挺恐怖的事。

③还在世的人中你最钦佩的是谁？

孙宏斌：没有，我从很多人的身上都学到了东西，现在觉得把一些常识性的东西做好就非常不错了。

④你自己的哪个特点让你觉得最痛恨？

孙宏斌：无。

⑤你最痛恨别人的什么特点？

孙宏斌：不努力。你要是努力了但不行，这可以理解；但要是根本不努力，不能容忍。

⑥你觉得最奢侈的是什么？

孙宏斌：有时间去想事。我这个人目的性很强，会去想一些有用的事。

⑦你认为你自己的哪种美德被过高估计了？

孙宏斌：外界都是来挑刺的，没人说我有美德，所以不知道自己哪种美德被高估了。

⑧你对自己外表的哪一点最不满意？

孙宏斌：没想过，我觉得这个问题在根本上与自信有关。只要有自信，什么身高啊、相貌啊，就是有问题也都没问题了。

⑨还在世的人中你最轻视的是谁？

孙宏斌：没有。

⑩你使用最多的词汇是什么？

孙宏斌：该干什么就干什么，想明白了就干。

⑪你最伤痛的事是什么？

孙宏斌：现在没有。

⑫你这一生中最爱的人或东西是什么?

孙宏斌：姑娘。

⑬何时是你生命中最快乐的时刻?

孙宏斌：没有什么，过了难关最快乐。

⑭你最希望拥有哪种才华?

孙宏斌：远见。

⑮你目前的心境怎样?

孙宏斌：平和。

⑯你认为你最伟大的成就是什么?

孙宏斌：改变了很多人的命运。

⑰如果你能选择的话，你希望让什么重现?

孙宏斌：没什么想重现的。

⑱你最珍惜的财产是什么?

孙宏斌：人。

⑲你认为程度最浅的痛苦是什么?

孙宏斌：对痛苦没感觉，更谈不上程度浅的了。

⑳你最喜欢的职业是什么?

孙宏斌：创业型的。

㉑你本身最显著的特点是什么?

孙宏斌：目标感比较强。

㉒你最喜欢男性身上的什么品质?

孙宏斌：责任感。

㉓你最喜欢女性身上的什么品质？

孙宏斌：聪明，不是美丽，有的女孩很漂亮，但一句话说出来，兴趣都没了。

㉔你最看重朋友的什么特点？

孙宏斌：有洞察力，想得明白。比如说华为的任正非，虽然没见过他，但觉得他就是一个明白人。

㉕你希望以什么样的方式死去？

孙宏斌：在工作中、战斗中死去。

㉖你的座右铭是什么？

孙宏斌：没有。

从这份答卷里，我们不难看出，经历了大起大落的孙宏斌，并没有变得悲观消极。恰好相反，正是这些经历让他更加坦率和激越。他怀揣自信，要进入新的领域。而且他已经做好准备，在新的领域勇往直前，直奔人生的巅峰。

第三章　进军房地产的新来者

你不管干什么，都需要有一个明确的目标，至于制定什么样的目标，因人因时而异。但是你的目标不能太多，目标太多没有方向感，无法发力，可能哪个也实现不了。如果你只有一个目标，集中精力，舍弃其余，全力以赴，你就一定能实现你的目标。多年前，顺驰蟒山会议主题“鸿鹄之志向，蚂蚁之行动”是我一直身体力行的。

——孙宏斌

1. 创建顺驰，一入地产深似海

转行，一切重新开始

孙宏斌与柳传志见面时的第一句话，便是让他放心，自己不会踏入 IT 行业，因为自己已经决定进入房地产行业。这是两个不搭界的行业，所以永远都不会存在竞争和冲突。

乍一看，孙宏斌的决定是那么仓促，毕竟他从未涉足过房地产行业，对其中的规则一窍不通，进去的话，无异于一只绵羊投身群狼之中，只怕会落得尸骨无存的下场呢！

然而，孙宏斌却对这种顾虑不以为然。他虽然失去自由，但并没有堵上耳朵和遮上眼睛，对于外面世界的发展状况，他会从来探望他的老婆和朋友那儿得知。他知道，随着经济迅猛发展，人们对居住环境有了更高的渴望，因此房地产行业逐渐火爆，而且利润是难以估量的。

房地产行业也分两种：房地产开发商和房地产中介商。前者负责拿地盖房，后者负责卖房销售。前者需要圈地，所以需要大笔资金，但后者却并不需要太多钱就能开始运作。以孙宏斌此时的经济承受能力，他觉得后者很适合自己。

后来的房地产大佬们，诸如王石、潘石屹等人，此时在干什么呢?

孙宏斌知道王石，在他1988年进入联想集团时，王石正好成立万科企业股份有限公司，并担任公司的董事长兼总经理。在茶余饭后，孙宏斌和他的朋友们也会对王石和万科评头论足，但那时，年仅25岁的孙宏斌在联想混得风生水起，从未想过自己有朝一日会踏进房地产业，所以只是把王石和万科作为茶余饭后的谈资罢了。

而那时的潘石屹已经进入房地产业一年了，这个与孙宏斌同龄的小伙子在深圳和海南开创自己的房地产开发生涯，远在北京的孙宏斌并不一定知道他。等到孙宏斌想要进入房地产业时，潘石屹已经创建了北京万通实业股份有限公司，在北京的房地产业中占据了一席之地。

从他们的发展中，孙宏斌意识到房地产业的春天到了。

孙宏斌一获得自由，便悄无声息地离开北京，去往天津。此时，他的妻子在天津等他，当他把自己约见柳传志的事情告诉了妻子时，妻子哭着问他："你都忘记自己受过的苦了吗？"

孙宏斌沉默了。他怎么会不懂妻子的心疼，但他必须这样做，只有这样做，他才能放下过去，重新开始。背着包袱的人永远也走不远！

而且，他坚信，这样做，自己是仗义和厚道的。仗义和厚道，虽然很难，代价甚至会很大，但总是不会太差。因为“如果你做人真仗义了，你犯了错，大家会理解你，你做任何事，大家都会支持你、帮助你。”

事实证明，他的坚持没有错。

在他说要创建公司时，柳传志当即表态支持他，而且可以在资金上帮他。后来顺驰出了问题，孙宏斌再次面临从头开始时，又有许多朋友站出来支持和帮助他，这都是因为他仗义和厚道的缘故。

像种庄稼一样做房地产

2011 年 11 月 3 日，孙宏斌在微博里写下这样一段话：“所有商学院都有顺驰失败的案例，其实顺驰不是失败的代名词，顺驰代表的是坚持、顽强、屡败屡战。卖了顺驰开发的资产，顺驰的品牌还在，还是我们的，顺驰品牌现在专属顺驰（中国）不动产网络集团，一个房地产中介公司。前几天我们完成了对软银、凯雷在顺驰不动产的股权收购，顺驰会慢慢雄起，坚而久。”

顺驰，是孙宏斌做的第一个公司，也是他崛起和顽强的成果。从成立公司的那一天起，他就把所有精力和心血都倾注在了这里。

为了做好房地产，他全身心投入进去。初到天津的那段日子，他没有停下来歇息，而是马不停蹄地去研究市场、研究政策、研究客户的心理。每年的市场走向不同，买房人预期、市场调控，这些都是左右房地产商和房地产中介商销售额度的关键因素。

越是深入研究，孙宏斌就越发现房地产行业的深不可测，而这也越激发他挑战的欲望。别忘了他的理想：去往那广阔的世界，探寻无限的可能。

孙宏斌觉得，房地产行业就是那个广阔的世界，其中蕴含着无数未知的可能，他在这里必将有所获益。而且，在这里，他能证明自己。

多年以后，有人争论他是枭雄还是英雄时，孙宏斌说："我不是枭雄，也不是英雄，只是一个做事激情、失败了认、重新再来的性情男人，像动物一样，胜利了庆祝，失败了舔伤。我以为英雄是对谁都好，枭雄只对自己的女人好；英雄是谁都说他好，枭雄是只有自己的人说他好。可干嘛要对谁都好，干嘛要让谁都说好呢？"

此时的孙宏斌在经历多次沉浮后，已经变得非常沉稳。然而，在1994年的夏天，他绝不这样想，他想要做出成绩来，证明自己即使剩下一个人，依然行，他不会被世界打败！

在经过详细周全的了解市场后，孙宏斌的房地产中介顺驰成立了！

很多人把自己的公司比喻成一个孩子，公司发展，就好像婴儿从襁褓里一点点长大，孙宏斌却将自己的公司比喻成种庄稼。

他是农村长大的孩子，对于种庄稼可不陌生。儿时的农忙季节，他总会跟着父亲下地里帮忙收割庄稼。他知道，收成的好坏，不取决于个人，而是上天。老天爷要你丰收，你才能丰收。老天爷不要你丰收，那么你就是把所有的时间都耗在田地里，也不会有收成，所以种地的人都祈求有个好年头。做房地产也是一样，老天是市场和政策，政策好，市场宽松，房地产就好做；政策紧，市场滞销，房地产就不好做。

他还将做房地产比喻成养猪。他说："猪肉贵了，人们便都抢着养，养大了，贱了，贱了，又都不养了，但市场上又抢购了。"这样的比喻就是告诫自己和团队成员，一定要抓住顾客的心理。只有抓住顾客的心理，才能有的放矢地去推销房产。

做房地产，除了政府市场和客户之外，还有公司本身。公司本身也要做好，树立一个好的形象，才能得到人们的好感和关注，并最终形成客户链。

他说："做房地产像投资，去年赚了，今年不一定赚，上一个项目赚了，下一个项目不一定赚，投资小的时候赚，投资大的时候不一定赚。不管哪个行业，把产品做好是必须的。"所以万事尽心就好，不要太强求。

用三个字来形容此时的孙宏斌，就是不较劲。不和他人较劲，也不和自己较劲，像种庄稼一样种好自己的房地产事业就行。

2. 成立公司，背靠大树好乘凉

涉足房地产，先从中介代理做起

孙宏斌说：“人原本生活得很好，原本可以不冒险，但因为选择了梦想，而遭受到困苦和失败。虽然中国人讲究成王败寇，但为了梦想和理想而拼搏，即使没有成功，也值得所有人尊重。因为这个世界就是靠有梦想的人去推动的。”

正是这种理念的支撑，让孙宏斌在获得自由的第二天，就开始了为梦想打拼。

1994 年的春天，对于孙宏斌来说，是一个永生难忘的季节。在这个春天，他的顺驰房地产销售代理公司在天津成立了，他的梦想之舟开始起航。

别看现在的孙宏斌谈生意动辄亿万元，但当初注册公司的时候，他身无分文。虽然注册资本仅有几万块钱，但这对于曾经在联想公司做到年销售额为几千万元的孙宏斌来说，却是一笔巨款。要知道，此时的他一贫如洗，即使这几万块钱，都是他东拼西凑借来的。

不过，他非常看好房地产业，他坚信自己的创业梦想一定能在这个领域得到实现。困境，只是暂时的事情。

虽然对房地产业的前景充满自信，但现实状况容不得孙宏斌一跃成就自己的梦想。他没有资金，无法像王石、潘石屹等人那样一开门就是房地产公司。

当然，困境一直以来都只是困住不够聪明的人，像孙宏斌这样睿智的男人，是困不住的。

没有足够的资金买地，那就从不需要多少成本的卖房入手。孙宏斌把顺驰公司的主营业务定位在了房地产代理上。

那段时间，孙宏斌带领团队废寝忘食地工作。一方面，他们去每一家房地产公司寻求代理机会以获得销售市场；另一方面，他们积极地寻求购房者以开拓销售渠道。

经历过创业的人都知道，创业的初期是最辛苦的。没有业务，没有人脉，没有背景，想要在一个新的领域打出一片江山，注定要付出比常人更多的艰辛。顺驰在这三点上都不占优势，想要闯出一片天地，谈何容易。

但孙宏斌并不气馁，他凭着近乎偏执的执着去打通每一个环节，终于在 1994 年 8 月拿下了天津“先达小区”的独家销售代理权。这意味着顺驰代理公司在房地产销售领域站稳了脚跟，而此时距离孙宏斌注册公司仅仅 4 个月。

四个月后，顺驰公司的销售非常顺利，公司在发展壮大。经过一番深思熟虑，孙宏斌把公司更名为“天津顺驰置业有限公司”。这也代表顺驰在向房地产开发行业的行进中迈进了一大步。

而这一切，都是孙宏斌高瞻远瞩的规划，他的梦想，不只是房屋中介代理这么简单。但那时的各大房地产大佬们，还没有意识到一颗房地产新星正在冉冉升起，在不久的将来，他的光芒将会让他们炫目。

“敢”字当先的魄力有多大

顺驰从房地产代理公司到成为房地产开发公司，仅仅用了一年多的时间，不可谓不快。而“快”的背后，是孙宏斌敢作敢为的巨大魄力。

进入房地产开发行业后不到一年，顺驰房地产开发有限公司就在天津推出了“香榭里”小区开发项目。这个项目是住宅项目，高端的房产加上精致的装修，房屋一经推出就受到了购房者们的青睐。

孙宏斌知道，一家房地产公司想要发展，后续服务一定要跟上才行。于是，他决定给香榭里配置当时其他住宅区都没有的优质物业服务。顺驰本身就具有房屋推销优势，所以他们知道购房者需要怎样的物业服务。于是配置了高标准而且非常人性化的顺驰物业，这一项举措赢得了业主们的信赖。

无论是互联网时代，还是传统时代，口碑效应对公司的发展都有着非常重要的影响力。业主们的赞誉让顺驰获得了非常好的口碑，于是，顺驰因为香榭里项目荣获了天津市最高荣誉。

在后来的每一个开发项目中，孙宏斌都以“敢”字当头，以责任为基础。因此，每一次顺驰的项目都能获得非常好和快捷的出售。

到了 2002 年，顺驰在天津房地产开发市场已经占领了 10% 的市场份额。相比起其他有着十多年历史的房地产公司来说，才六岁的顺驰还稚嫩得很，但它的潜力和冲劲却无与伦比。

到了 2003 年，顺驰房地产开发有限公司在天津的市场份额已经上升到 15%。同时，顺驰在二手房销售市场也发展得红红火火，不但拥有近百家直营连锁店和二百多家社区协作店，而且占有了天津二手房市场份额的 30%。

作为一个商人，一个投资者，孙宏斌敢判断，敢决策，敢作敢为。也正是这样的魄力，让他的顺驰仅用六年时间就荣获了中国地产名企的称号。

当业界对这个有魄力男人的赞誉声不绝于耳时，孙宏斌已经继续上路了。他的团队在 2002 年 6 月拿到天津市塘沽区会展中心地块的开发权，这意味着顺驰的业务从市区开始向外扩展延伸，也预示着孙宏斌要把他的房地产帝国版图再扩大。

“敢”字当头，才能打造一个强大的帝国。

生意上的第一个合作伙伴是他

当孙宏斌的顺驰公司在天津成立时，过去的熟人没有几个人知道，孙宏斌没有告诉太多人，年轻气盛的他不想在落魄时看到他们的目光。越是自己没有错，那些注视他的目光越是充满同情，他不需要人同情。

而且他也不想抱怨。他说：“你再倒霉也别抱怨。首先，你遇到的不公、倒霉和委屈，其实别人是知道和理解的，当你不停抱怨的时候，人们的同情和理解就会变成不喜欢，甚至厌恶；其次，当你抱怨的时候，最不开心的是你自己，抱怨会把你的不开心变得更不开心。”

孙宏斌认为，人应该表达自己的意见和不满，但一定是对确定和正确的对象，否则，不管多不开心，也尽量不抱怨。他也是这样做的，他要摒弃过去，重新开始。

但他把自己的想法告诉了一个人，这个人后来成为他生意上的第一个合作伙伴，这个人就是联想集团的老总柳传志。

事实上，早在握手言和的那一刻，柳传志就已经开始帮助孙宏斌了。

孙宏斌告诉他，自己不会再涉足 IT 行业，他要转行房地产。然后他将自己的计划向柳传志和盘托出，在这四年里，他并没有驻足不前，而是一直对市场做观望和调查，他坚信，房地产市场是他的天下。

柳传志非常欣赏他，并当场回答他说：“好。如果需要什么的话，我个人，包括李总，包括张总，我们以个人名义入点股，投点钱……”

“暂时不用。”孙宏斌婉拒了柳传志的提议。在这个对他有知遇之恩、却又亲手让他失去四年自由的企业家面前，他憋着一股劲。

孙宏斌的顺驰房地产咨询公司注册成功，其他人不知道，但柳传志知道，他对这个年轻人一直有所关注。

但踌躇满志的孙宏斌很快就在创业的路上遇到了阻力：缺少资金，业务无法展开，而他又没有联系过去的朋友，没有人能帮到他，一时间孙宏斌陷入一筹莫展中。难道他的梦想要夭折吗？

就在这时，柳传志借给他 50 万元，以作周转。有了这 50 万元，孙宏斌的业务如火如荼地展开了。他是个天生的商人，他知道自己的公司薄弱处在资金上，于是采取“快”字诀：快速拿项目、快速销售、快速回款。很快，顺驰的业务就有了提升。

但只是中介咨询，公司是不可能发展壮大的，孙宏斌想要扩展业务。不过，一个小小的房地产中介公司想要在天津市站稳脚跟，已经不易，还想要发展壮大，没有背景和名气是很难办到的。这时，柳传志再次挺身而出。

1995 年，柳传志携手中科集团，与顺驰公司联合成立了天津中科联想房地产开发有限公司，至此，一直在 IT 行业的柳传志跨界成为孙宏斌在商海中的第一个合作伙伴。

送君一程，以待来日好相逢

那时，孙宏斌并没有站在聚光灯下，他将自己隐在光环之外，因此很多人都知道顺驰，却不知道顺驰幕后的老板。

有了联想和柳传志的参与，顺驰公司瞬间名扬四海。一时间，所有人都在议论，这个让中国商业教父携手合作的年轻人是谁？

当他们得知顺驰的老板就是身背污点的孙宏斌时，都惊诧不已，而让他们更为惊诧的是，当初质疑孙宏斌信用的商业教父，而今竟然

愿意为他的信用背书，这其中莫非藏着什么玄机？但无论外界怎么猜测和议论，孙宏斌的污点在一点点地洗刷掉，这是真的。

房地产行业的运作，和其他行业有所不同。其他行业可以融资，首选投资方也是投资天使，但房地产行业却是依赖于银行发展的一种行业。孙宏斌当初注册顺驰公司时，就因为身背污点而遇到波折，想要与讲求信誉度的银行打交道贷款，更是难上加难。如果不能获得银行贷款，那么顺驰中介咨询公司永远也无法参与房地产这块大蛋糕的分享中去。

但现在不一样了！有了联想集团的参与，有了柳传志的携手，每个人都能看出来，孙宏斌的所谓污点，根本不是个人主观问题，也就是说，他本人的信用是没有问题的。一直横亘在孙宏斌和银行之间的障碍瞬间就消失了。

这一切，孙宏斌感恩于柳传志，他知道，柳传志在尽心尽意地帮着自己，他这是在送自己一程呢。如果没有他的参与，没有他帮自己的信用背书，想要打通银行方面的业务环节，还不知道要猴年马月呢？

柳传志欣赏孙宏斌，孙宏斌对联想何尝没有感情。那个让他一展身手、却又一败涂地的地方，都是他在四年中经常回想起的地方。即使是在自创门户的最初阶段，他依然会把在联想学到的一些东西潜移默化地带入自己的公司去。难怪在联想与顺驰合作的那一段时间，联想派员工去顺驰工作，他们在顺驰里最大的感受就是：顺驰的企业文化和联想的企业文化有很多相似之处。

孙宏斌和柳传志，这对相互欣赏的商业奇才，在兜兜转转之后，惺惺相惜起来。

有了柳传志的棒子，孙宏斌率领公司很快就在天津打开了市场，并成为当地最大的房地产商。但在公司发展壮大以后，联想和中科又将全部股份转让给顺驰，悄然退出，把天津的房地产行业的天空让给顺驰，让给孙宏斌。

不管过去是非，相逢一笑泯恩仇。

送君一程，只为来日好相逢。

3. 黑马崛起，“独裁”终得天下

唯快不破

顺驰公司，英文翻译过来，就是“一个姓孙的人的公司”。不过，顺驰还有另一层含义：顺且快。

从名字上，就能感受到孙宏斌对速度和结果的追求，他想要把过去的那四年时光追回来。这时候的孙宏斌，有一种近乎偏执的信念：唯有快，才能够实现这一目标。

快！是很长一段时间里，孙宏斌给人们的印象。

20 世纪 80 至 90 年代，武侠书风靡全国，无论是学生还是工作者，都爱看。在武侠书里，有一句脍炙人口的话：天下武功，无坚不摧，唯快不破。

世上没有无敌的功夫，都有破绽，唯有速度迅捷，才能在被寻出破绽前获胜。也就是说，速度越快，胜算越高。

一是想要追赶失去的时光，二是想要唯快不破。这两个理由，让孙宏斌率领顺驰飞速奔驰在房地产行业的大道上。

1996年，顺驰公司在联想和柳传志的帮助下，开始涉足房地产开发领域。已经打通了银行贷款这个环节的孙宏斌，此时就好比一只站在山巅的雄鹰，急不可待地要展翅翱翔。因为那个广阔的天空，才是他真正想要去的地方。

顺驰集团的快，让局外人看得眼花缭乱：拿土地前就已经安排好后续的工作，一旦拿到土地后马上进入操盘阶段，建成后迅速出手，这样一来，资金链就迅速建成，并在最短时间里完成资金循环。当其他公司还在为操盘做准备时，顺驰已经完成一个项目，并进入下一轮圈地操盘的运作了。

顺驰这样做能够获得成功，是因为孙宏斌看准当时中国的房地产行业发展规律：90年代末期，城市化进程加快，住房存在巨大的需求量。大量的刚需给房地产企业扩张提供了巨大的市场空间，在这个空间里，谁的速度快，谁就能抢占市场。

他说："我希望大家在拿一块地之前，就把这块地想得特别明白，拿到之后，就能马上行动。这样做的缺陷是，当你拿不到这块地，有可能会导致前期的工作白做、费用白花。但是它有两个好处：第一，因为你做了充分的工作，对这块地的理解和认识跟别人不一样；第二，行动比较快捷，即使完全一样的程序，我们最起码也早一半时间，因为我们员工的工作时间比别人最起码长一半。”

为了“快”，孙宏斌对顺驰公司的员工们要求极高：每个人的工作都必须要有计划性、执行能力必须要强，只有这样才能把效率提上去。为此公司还专门制定了战略计划：把项目分解成对每一个员工的指标，这样从微观上进行系统管理，结果导向变得非常强，效率也就自然而然地提高了。

当然，在公司战略执行的过程中，也会遇到很多问题，最大的问题便是员工们没有自信，他们根本不相信自己能够“快”起来。但他们很幸运，遇到的是孙宏斌这个领导，他以身作则，在前面领着跑，并督促和鼓励员工们，一切都变得不再那么难。

十多年后的某一天，孙宏斌和一位朋友走了很远的路，朋友说不敢想自己会走这么快这么远，简直是个奇迹。

孙宏斌回答说：“有人在前面领着跑，还不时地督促你、鼓励你，没有那么难。每个人的潜力都是巨大的，需要有人挖掘，有事让潜力释放。其实大多数时候，难事并没有你想的那么难。”

这不只是他的鸡汤式安慰，而是这些年他带领团队的有感而发。

“快”，在顺驰发展初期，带来了显著的效果。涉足房地产后不久，顺驰公司就成为天津市最大的房地产商，市场份额也占到15%，这在房地产发展史上是绝无仅有的事情。因此，很多人都说顺驰是一匹崛起的骏马，打破了房地产市场的格局。

我们就是要做第一

在顺驰公司里，看到的都是年轻人。

因为孙宏斌觉得，年轻人接受新生事物比较快，这样就不会被思想僵化所害。虽然年轻人经验差一点，但适应性很强，而且有冲劲，这一点是顺驰公司所需要的一种精神。只要每个员工都有想要做第一的念头，那么公司上下都会有一种干劲，激励人积极向上。

孙宏斌显然深谙年轻人的心理：全世界的每个年轻人都愿意去做事，不管他在哪一个行业，他都愿意发展，只要有机会，他就会拼尽全力往前冲。当然，在这冲的过程中，公司的关怀和福利要跟上。有温暖、有发展，这是每个年轻人都想要的企业环境，顺驰给他们了，所以他们宁愿比其他公司的员工每天多出一倍的时间来工作。

有这样的员工，顺驰的发展势不可当。孙宏斌领着一帮年轻人，以迅猛快速的效率，带着顺驰飞速奔跑和发展壮大。这让当地的房地产商们都嫉妒不已，他们无法打败顺驰，便在言语上进行诋毁。

有人劝孙宏斌不要太张扬，以免树立太多仇敌。孙宏斌说："顺驰要做开发和房产中介的两个第一，这就是我们想要做、正在做，而且也能做到的事，那干嘛不说呢？"

孙宏斌的自信和张扬，也让员工们斗志昂扬，整个公司上下都被一种燃烧的激情包围着，每个人只要到这里来，都能感受到这种气氛，并受到感染。

即使后来顺驰公司被卖掉，孙宏斌依然对当初的管理理念念念不忘，他对这种管理模式给予了最大的肯定："顺驰被收购五年有余了，我从来没有为顺驰辩护过，败了就是败了，不要找借口。我们犯了错误，比如现金流管理，比如扩张太快。但是顺驰的管理是成功的，因为管理最难的是让所有人有激情、有干劲、肯努力、肯付出、能学习、能成长，这最难的事顺驰做得还好。所有的顺驰人都怀念那个激情燃烧的岁月。"

但即便此时的管理模式非常好，孙宏斌依然选择去美国进修。在他心里，不只是要开阔眼界那么简单，他还要让顺驰与世界接轨，要做第一，甚至是世界第一！他梦想着有一天，顺驰会冲出中国，站在世界的舞台上。

有梦想的人，也总会早早地为梦想做准备。孙宏斌去哈佛商学院，他要去接触了解全球各大公司的高级管理人员的管理理念和模式，只有这样，才能让顺驰的管理模式与世界接轨，而且在这个过程中，他才能随时调整顺驰的发展方向。

孙宏斌认为："企业和人一样，也是有生命的，也有少年壮年，生老病死，有状态，有性格。做企业和做人一样，无论大小、无论贫富、无论成就，最重要的都是要健康。人的健康首先要心态好，其次是运动锻炼，心态不好，越锻炼死得越快。做企业也是如此，想要良性发展，首先要方向对，其次要努力，方向不对，越努力死得越快。"

有了好的管理模式，有了正确的发展方向，孙宏斌觉得顺驰不能只是在天津这一个角落里待着了，它应该去更大的舞台。

4. 版图扩张，一骑绝尘房地产

战略扩展，炸开北京市场

2003 年 12 月 8 日，北京市大兴区黄村卫星城北区 1 号地拍卖会现场。大兴区政府即将拍卖的这块地，据说是政府的政绩工程，对政府来说，颇为关键，因此，大兴区政府部门从上到下都非常重视这次拍卖会。

来参与拍卖会的房地产商也很多，其中不乏富力、华润、天鸿等房地产界的著名企业。每一家公司都希望自己可以竞拍到这块土地的开发权，毕竟在两个月前，大兴区的房价刚从 3670 元 / 平方米上涨到 4700 元 / 平方米，显然，房地产市场很火爆，无论怎么做，都会大赚一笔。

拍卖会开始了，竞价声一浪高过一浪，但一直到 8 亿元时竞拍依然没有结束，许多房地产商都停止了竞拍，只有北京天鸿集团和顺驰集团在死磕。当顺驰集团的员工报出“9.05 亿元”的竞拍价时，天鸿集团沉默了。

最终，这块土地以 9.05 亿元的价格，被顺驰集团收入囊中。

事后，房地产界和媒体都被引爆了。所有人都在质疑：这样的价格合理吗？如果不合理，为什么顺驰要开出这么高的价格来呢？

记者去采访顺驰集团参与拍卖会的员工，员工回答说：“这是谁也想不到的事情。在拍卖会前，公司上层就做出了‘上不封顶’的指示，所以我们志在必得。然后不知不觉中就被抬到那么高了。”

众人的疑问在这个回答中找到了答案。显然，顺驰集团下定了决心，不惜任何代价都要冲入北京房地产市场。

很多业内人士纷纷就此发表意见，他们的意见大同小异，无非是说，顺驰集团在采用一种冒进的方式进行扩张，这是非理性的，对公司来说有害无益。

但孙宏斌却对这些议论和建议置之一笑，他觉得没必要回应：干自己该干的事，把自己该干的事情干好，就够了。但公众和媒体显然不打算放过他，大家都在质疑顺驰的资金问题。为此，有记者还专门就此问题采访了他。

记者说：“北京大兴这 600 亩的土地，顺驰拍出了 9.05 亿的天价，你又放言顺驰要做开发和房产中介的两个第一。这一切行为导致了大家对顺驰的质疑，而质疑的重点又主要放在顺驰的资金问题上。你如何看待这些质疑呢？”

这样一来，孙宏斌没法回避了，他必须正面回答。孙宏斌笑着说：“他们太不了解顺驰了，我们原来主要在天津做，已经是一家非常有实力的企业，只是大家都不太了解，就觉得我们好像刚开始搞房地产似的，实际上我们做了 10 年了。去年年底，大家都说顺驰的资金链要断了，可从那时候到现在，我们又买了 8 块地。很多人不了解，总要问我们钱从哪里来，其实我们的资金来源跟别人没有什么区别，只是我们的合作伙伴可能比别人多，估计在全国的开发商中我们的合作伙伴是最多的。”

在孙宏斌看来，无论是做第一，还是高价购买土地，都是顺驰公司的战略部署。为此，他还专门细分了战略的 4 个要素：目标、如何达到目标、达到目标后的竞争优势、竞争优势的可持续性。

孙宏斌说：“假设我们定下目标要做到5个亿，然后通过两个项目卖到5个亿，感觉就很好了。这是过去的战略。但是对于商业来说，你还得有竞争优势，你是做到5个亿了，可是你如果没有竞争优势，那别人做一个项目就可以挣10个亿。同时，制定战略得有依据，这就是你对宏观形势的理解、对行业的理解、对企业本身的理解。”

“制定完一个战略，或者有了一个理想后，你就要看三件事：看你今天的行动变没变；看事情的轻重缓急变没变；看你的资源配置变没变。如果你有个理想，但你这三样都不改变，那你的理想就没有任何意义。”

孙宏斌的态度很明确：有了战略，就需要执行，否则战略等同一张白纸。只有执行了战略，公司才会具有竞争力。

为了让公司具有更大的竞争力，他需要战略扩张，甚至不惜一切代价。所以，才会有天价炸开北京市场的一幕出现。

戴尔模式，现金流在行动

当大众都在质疑顺驰的资金时，孙宏斌提到了戴尔。作为一家世界五百强的企业，戴尔的经营模式，一直是孙宏斌的参考对象。

“戴尔的销售为什么能够飞快增长？它很多时候的投入都是负

的，都是客户预付的。”孙宏斌说。虽然戴尔属于制造业，顺驰属于房地产业，但这并不妨碍孙宏斌借鉴戴尔的现金流管理和供应链管理的模式并用于顺驰中。

戴尔模式是怎样的模式呢？

“快速运转现金流，以此做大规模；大规模又能加强管理现金流，从而进一步做大。”这种模式的关键，是对客户的资金资源进行整合和利用，并且快速运转。

想要快速运转现金流，就需要提高项目的运转速度。但每个项目都是层层分包，一般的公司，项目也是这样层层分包，但资金权却拢在管理层手里。每个项目都需要层层上报，得到管理层的许可后，才能进行运作，资金也才能开始周转。

这显然不符合戴尔模式现金流的要求。为了让资金周转快速起来，顺驰想出一个办法：放权。

放权的前提是信任，而且必须是彻底信任。

孙宏斌说：“我们坚信，完全彻底的信任具有穿透性，只有这样才能完全承担责任、承担压力。不放权就没有速度。我们跟其他同行最大的区别是决策快，然后你才能谈到开工快、销售快。放权的前提是你的团队有共同的战略，大家思考的问题都是一样的。一个人判断十个项目和十个人分别判断十个项目，哪个失误的概率更大呢？你必须想明白这个。”

放权和信任，让每个员工都有使命般的激情，大家都在努力，共同发展，共同成功，共同分享。这些共同点萌发出一个共同的信念，从而使顺驰集团迸发出一股无穷的能量，这股能量所向披靡，无坚不摧，这也使顺驰集团能够在一夜间将触角伸到全国各地，并最终实现扩展版图的梦想。

但此时的孙宏斌一心沉浸在他江山扩大的喜悦里，并未意识到顺驰有两个潜在的问题：一是资金的问题，二是员工高强度工作状态的问题。

快速运转的现金流能够提高效率和扩大规模，但一旦某个项目出现失误，就会导致资金链断裂，这是顺驰最大的风险所在。而员工的高强度工作又会拉垮很多人的身体，会让团队士气受到打击。

但一个高速运转的公司想要停下来，谈何容易？

根本停不下来的。年轻的孙宏斌如是说。

多年后，有人请他对“年轻人”和“有成就的人”这两个词做一下评判。孙宏斌说：“如果让我用一个词来评判年轻人是什么词？我说懂事。如用一个词来评判有一定成就的人是什么词？我说知进退。年轻人懂事是指他努力，不抱怨，和人相处合作得好，不管他是外向还是腼腆，都让人喜欢，这样他进步快机会多。成功人士背负着权力财产名声，进有风险，退不甘心，知进退才能平安幸福。”

倘若十多年前的孙宏斌作如是想，顺驰或许是另一番景象？！

5. 超越万科，鸿鹄之志天下知

鸿鹄的志向：要允许我们有理想

自从孙宏斌被曝出要并购万达、接手乐视，他一下子成为了媒体的焦点，人们对他的传奇经历更是议论纷纷。

孙宏斌对此早已习惯了，因为在此之前，他也承受过一次如此密集的舆论围观。那是在 2003 年到 2004 年，顺驰狂飙猛进，那也是孙宏斌饱受争议的一年，而且很多争议还都是从业内大佬们嘴里说出来的。

时任成全企划公司董事长的全忠说："大小地产商聚在一起都在谈老孙，没法儿不谈，都说这是一匹北方的狼。"

而潘石屹则这样说："天津有一位叫孙宏斌的，说'明年做到两个第一：全中国地产中介第一，全中国开发第一'。我确实很佩服他的激情。"

诸如此类的议论太多了，但那次的孙宏斌，如现在这般对外界保持沉默。他刻意隐去自己的光环，让公众不关注自己，只是在暗处不露声色地创造奇迹。

但他曾经连续两次"挑战"房地产界的大佬——万科老大王石。当然，这只是公众以为的挑战，对于孙宏斌来说，只是一个信心十足的年轻人在向一个同行前辈展示自己的志向而已，但这成了后来房地产界人们津津乐道的话题。

1999 年 12 月，全国各地的房地产开发商们成立了中国城市房地产开发商协作网络，简称中城房网。这个组织专门网罗各大城市的主流开发商，并定期筹办活动。但孙宏斌却很少参加这些活动，他觉得这些活动所讨论的都是一些不着边际的话题，所以他保持远离的态度。

2001 年，中城房网在北京长城饭店开会，活动筹办方再三邀请孙宏斌出席会议，于是远离组织的孙宏斌便去了。

在会议上，很多人都提出要"联合置地"。孙宏斌觉得这蛮好的，也没有异议。然而，很快他就发现人们都提出要由万科为主。

孙宏斌马上发问："为什么要以万科为主？"

有人回答："因为这个倡议书是万科起草的。"

孙宏斌当即说道："谁起草谁为主，那就由顺驰来起草吧。"

过后，孙宏斌很快就忘了这件事情，但很多人都觉得，这个年轻人太狂妄了，竟然敢挑战万科和王石的权威性。

此事过去才刚两年，孙宏斌和王石在博鳌论坛上再次相遇了。孙宏斌发表演讲时说："顺驰今年的销售额要达到40亿元，我们的中长期战略是要做全国第一。也就是要超过在座各位，包括王总。"

这句话从当时的顺驰老总嘴里说出来，颇有些压力，就连久经沙场的王石，当时的脸色都变了几变。据说，会还未开完，王石就把孙宏斌拉到外面说："你不可能这么快超过万科的。"

孙宏斌笑着说："王总，我们可能超不过，但我们有理想啊。这是我们的理想。"

后来的很长一段时间里，王石的办公桌上都摆着有关顺驰的资料。那几年，很多人都说"孙宏斌是不事声张的实力派。"王石还一直没有当回事，自此之后，王石把这个年轻人作为重点来观察对待。

当有人问起这些“挑战”，并觉得孙宏斌太过嚣张时，孙宏斌回答：“我没有挑战。但也请要允许我们有理想。”

蚂蚁的行动：天价缔造者

在博鳌论坛上和王石谈完理想后，孙宏斌回到北京总部，开了蟒山会议。这是顺驰的高层会议，在会议上，孙宏斌发表了名为“鸿鹄之志向，蚂蚁之行动”的演讲。

孙宏斌告诉顺驰人，必须要有远大的理想。但只有远大的理想还不行，要制定一个具体的目标，并为实现这个目标行动起来。就像蚂蚁那样，坚持不懈地努力，即使比它身躯大很多倍的食物，它们都能将之搬运回蚁巢里去。

事实上，顺驰人一直在行动。从 2002 年踏出天津市区，在塘沽拍买到顺驰在天津市区之外的第一块土地算起，顺驰用了仅仅一年多时间，便在全国各地买了很多土地。多到人们脑子都记不过来，如果没有数据表，只怕孙宏斌自己都不会记得顺驰这一年多究竟买了哪些土地。

而且从顺驰的收购榜上，人们看到这些土地均为高价收购，如大兴区的 9.05 亿元，石家庄的 5.97 亿元，苏州的 27.37 亿元，等等。在房地产商们和民众眼里，这些土地都是顺驰以天价收购的项目。

同样，在销售数据上，看客们看到一个突然强大到让人心惊胆战的房产帝国：2001年销售回款1亿元，2002年16亿元，2003年40亿元，2004年预计回款155亿元。

显然，顺驰是当之无愧的天价缔造者。天价的缔造，让所有的房地产开发商都对他心生怨恨，因为顺驰的出现和操作模式，打破了房地产格局，让他们平白失去好多项目且不说，还有可能面临重组悲剧。毕竟顺驰的公司不按常理出牌，也正是因为这个原因，顺驰获得了天价缔造者的美名。

很多人只看到顺驰膨胀的生意，却没有人看到顺驰的行动力。

孙宏斌需要的是能有明确目标的员工，多年以后，他说："你不管干什么，都需要有一个明确的目标，至于制定什么样的目标，因人因时而异。但是你的目标不能太多，目标太多没有方向感无法发力，可能哪个也实现不了。如果你只有一个目标，集中精力，舍弃其余，全力以赴，你就一定能实现你的目标。"

即使已经过了十多年，多年前顺驰蟒山会议的主题"鸿鹄之志向，蚂蚁之行动"依然能清晰地出现在孙宏斌的脑海里。

第四章　狂飙路上几度沉浮

看到过去的同事们在上海“缘起顺驰激情燃烧的岁月”聚会，心中也很激动。顺驰因为我的激进和缺乏风险控制失败了，给大家道歉。但是顺驰的企业文化是最好的企业文化，团队是最好的团队，员工是最好的员工，我一直为它自豪和骄傲。过去的就让它过去，让继续燃烧的激情照亮我们的未来。祝福大家。

——孙宏斌

1. 遭遇调控，断绝上市融资之路

让人措手不及的宏观调控

2004 年 8 月初，博鳌小镇阳光明媚，清风徐徐，风景如画，但一贯从容淡定的孙宏斌却有些失神。

该他上台做演讲了，这个刚步入四十的男人，很真诚地向大家吐露心声："最难受的是钱。"参会者都笑起来。这是他们意料之中的事情，背着那么多土地，当然有困难。

一直让顺驰顺风顺水的现金流呢？为什么突然失效了？

外行或许会问这样的问题，然而业内人士却都知道问题的答案。孙宏斌之所以这么艰难，是因为当年 4 月份，政府下达的一个文件。

文件要求全国的银行都停止放贷，这是国家在宏观调控。

一年前，也是在博鳌论坛上，王石提醒孙宏斌要注意管控风险问题，但那时的顺驰在高速运转的现金流下，发展得非常顺利，它就像是一列飞速行驶的火车，根本停不下来。但现在调控开始，停不下来也得停。

而且，非常巧合的是，就在银行停止放贷之前，顺驰才刚刚交了为领取土地证的 17 亿元，手里一时半会儿不会有回款，银行的贷款又拿不下来，顺驰的现金流戛然中断了，难怪孙宏斌会被钱愁得皱眉头。

如果不遇到宏观调控的话，现实会是另一个样子。因为从 2003 年 8 月开始，顺驰就连续拿到全国各地的十多块地，虽然都已高价购入，但顺驰将惯例 18 个月的开发周期压缩到 7 个月，这样就加速了资金回流，销售额一度高达 127 亿元，与 2001 年的 1 亿元销售额相比，简直是个奇迹。

所有人都相信，一直这样下去的话，顺驰的版图扩张还会再继续，但现实却强逼着顺驰停下来。

因为钱的问题，孙宏斌已经发愁了四个月。如果说顺驰是一艘大船的话，那么孙宏斌就是那个掌舵人，此时的顺驰，前面是惊涛骇浪，孙宏斌需要怎样做才能力挽狂澜，让顺驰免于翻船的危险呢？

孙宏斌是一个当机立断的人，他的思路非常明晰。从四月份银行停止放贷开始，他就决定：顺驰暂停买地。让资金在现有项目中运转，以保证现有项目的顺利进行。

在这时，顺驰公司有六个项目开盘回款。在这六个项目中，包括2003年年底高价购买的大兴区土地，这个项目在购买当天就计划2004年6月18日开盘。现在开盘时间只比计划晚了一天，但它每个月的回款将有1亿多，顺驰现金流的问题暂时解决了，这让一直紧绷着神经的孙宏斌松了一口气。

顺驰所有人都以为风险过去了，就连孙宏斌也如此以为，他说：“对于顺驰而言，最危险的时候已经过去了。”但事情并没有他们想象中的那么简单！

顺驰的资金链依然紧绷着。业内人持两种态度：一种是不看好，因为任何一个项目的操作失败，都有可能导致顺驰整个资金链的断裂；还有一种态度认为，顺驰是一个开发公司，而且每个项目都是独立运作的，一旦有项目失败，也就是版图收缩罢了，不会引起整个版图的崩盘。

被搁浅的上市计划

截至目前，孙宏斌的乐观是有道理的。顺驰一共有六十个项目，他们分散在全国各地，而且档次也各不相同，也就是说，顺驰的项目囊括了各类消费能力的客户。任何一个项目的运作都不会影响到其他项目，而且它们又能够相互调剂，所以抗风险能力是很强的。

孙宏斌始终倡导的理念是往前看，在那段时间里，他经常讲到一个在《纽约时报》上看到的故事："作者的儿子班上考历史，但大部分人都不及格。老师很奇怪，美国历史才二百多年，为什么会考不及格呢？于是让孩子们去向父辈请教过去的事情。父亲们却拒绝了，原因是他们经历过30年代的美国经济大萧条，那是一段很糟糕的事情，父亲们不希望这种已经过去的事情影响到孩子未来的步伐，所以拒绝透露。从这件事情可以看出来，美国是一个有未来导向的民族。"

孙宏斌讲这个故事，是鼓励大家往前看，决定未来的，是现在的状态和现在所做出的决策。

刚解决了顺驰现金流问题的孙宏斌又做了新的决策：要带顺驰上市融资。

在接下来的日子里，孙宏斌准备路演材料，为顺驰上市做准备工作。他把准备工作做得很细致，就为能够与投行进行更有效的沟通和交流，以确保顺驰的顺利上市和股票的顺利发行。

但投行听了孙宏斌的演说后，问他："这是你的矛，那么你的盾在哪儿呢？"

孙宏斌非常自信地回答："我们只有矛，不需要盾。"这样的回答可谓是豪气云天。

但投行是理性的存在，与感性毫不沾边，他们看到的是顺驰的高杠杆、高负债和高土地成本。在他们看来，顺驰的发展太激进了，对于投资者来说，这样是要承担极大风险的。就这样，顺驰的上市之路被中断了。

但孙宏斌不是一个容易妥协的人，他决定再尝试一次。于是在2005年，孙宏斌辞去了顺驰董事长一职，只求顺驰中国能够在香港上市，这样就能私募融资。

为了拉来资金缓解顺驰的压力，孙宏斌愿意付出一切。但这次上市再次以失败告终，顺驰集团的私募融资之路也以失败结束。

多年以后，孙宏斌在准备融创集团上市时，回忆起这两次上市的情形，他颇为感慨："2004年，顺驰上市准备路演材料，我讲完后，投行问，这是你的矛还是你的盾呢？我说，我只有矛，不需要盾。2009年融创上市，准备路演材料，讲完教训稳健，投行问，你只有盾没有矛？我说，矛还用说，全天下都知道我只会使矛。其实矛和盾都必要，不同场合，不同时间，有时候要一手执矛，一手握盾，有时候要双手执矛，有时候要双手握盾。"

显然，顺驰上市的失败并没有将孙宏斌打败，反而让他思考并获得经验。

虽然顺驰上市失败，但是这并不妨碍孙宏斌成为一个成功的人。当他从顺驰的失败中爬起来，再次带领融创走向辉煌时，很多人都说他是一个幸运儿。

但他却回答："幸运就是抓住机会。机会总是会有的，每个人都会遇到一些机会。当然，不同行业企业阶段的机会是不一样的，这就是你为什么要选择行业、选择企业的原因。只有有理想有追求，有激情有努力，不断进步成长，不断思考的人，当机会来的时候，才能抓住机会。问题不在于你有没有机会，而在于机会来的时候你准备好了没有？"

2. 负债累累，资金链断裂的绝望

灾难的多米诺骨牌效应

当顺驰遭遇大风大浪起起落落的时候，很多房地产金融专家都蜂拥而上，对顺驰进行观察和分析。毕竟，在中国的房地产市场上，能够像顺驰这样万众一心、飞速扩张的公司绝无仅有，无论它最终走向何方，是胜，还是败？都是人们最佳学习和探讨的案例。

在众多的分析中，有一位金融专家的话得到了公众的认同。他说："顺驰使用的是'合理利用应收账款的账期'资金模式。这样的模式倘若能够成功，那就一定是一种大成功，因为它把财物风险分担到极限。但这样的模式也使其资金链绷得非常紧，一旦出现一个小的纰漏，就会导致整个公司的失败，因为风险太大了。”

金融专家的话不禁让人们想起了多米诺骨牌效应。

玩过多米诺骨牌游戏的人都知道，这是一种长方形的骨牌，一副牌由几百张、几千张甚至几万张组成。游戏前，要将骨牌按一定间距的尺寸摆好，一旦推倒第一张骨牌，其余的就会发生连锁反应，依次倒下，可谓是“一招棋错，满盘皆输。”

一直以来，多米诺骨牌效应就被广泛应用于商业中的各个领域，以此来解释那些由一个最小力量却引发翻天覆地变化的现象。比如马加爵事件以及美国“9·11事件”中倒塌的双子楼，都是多米诺骨牌效应的典型案例。

多米诺骨牌效应在每次的金融危机中都有体现，而且牵扯到很多行业，其中便有房地产界的公司。但在20世纪末到21世纪初的中国主流房地产商中，却很少有多米诺骨牌效应发生。因为这些房地产大佬都很注重资金链的问题，他们很谨慎，不会让自己的公司陷入这种风险中。

王石和柳传志曾经向孙宏斌发出“注意调控风险”的警示，便是出于对以上这种原因的顾虑。他们都是中国商界的教父，虽然他们的公司从未出现过任何失误，但对于多米诺骨牌效应所带来的灾难，他们却比任何人都清楚。

不过，此时的顺驰，第一块多米诺骨牌已经被推倒，崩盘即将出现。

顺驰的第一块多米诺骨牌是谁呢？

2003 年 12 月，就在顺驰高价收购了大兴区的土地后，马上又和北京青年报的代理商签订了一个 1500 万的广告单。但过后顺驰一直没有资金来支付广告款，随后又有建筑商爆出顺驰工程需盖到七层才会拿到工程款。这时的顺驰，已经出现现金流短缺的问题了。

2005 年，顺驰在大本营天津的销售额才 29 亿元，2006 年更是不超过 16 亿元，这就意味着大本营失守了。显然，顺驰中国的全国扩张，忽略了对大本营的坚守，从而导致了这种现象。

2005 年年底，现金流的短缺，还出现了顺驰拖欠民工工程款的事件。苏州、上海等地都出现了同样的纠纷，一时间闹得沸沸扬扬。

同期，顺驰与摩根士丹利投资基金的私募计划被搁浅，上市未果，顺驰的资金链彻底断裂了。

顺驰的多米诺骨牌效应彻底显现！

成功与失败只有一步之遥

孙宏斌在联想事件之后，曾经说过一段话："你成功了的时候，别急着总结经验，别把功劳全归自己，因为成功的原因可能不是因为你；你失败了的时候，别灰心别放弃，要深刻总结失败的教训，把经历变成财富；你听到别人批评或意见的时候，别对付，认真听，会对你有帮助的。这些可能就是自省。超越自己才能进步，超越自己很难，自省的人才能超越自己。”

显然，时仅31岁的孙宏斌对成功和失败，都有着极为深刻的感悟。他也深深懂得，失败和成功，仅有一步之遥。成功的隔壁，很有可能就是失败，他不愿意再次经历这些，没有人愿意经历这些。所以他从组建公司以来，也一直都很谨慎。

他的谨慎体现在公司的运作上：放权，让专业的人做专业的事。他说：“我自己不太会做事，从一开始的时候都是靠大家去做事。这个公司从成立到现在我从来没有签过字，当然，除了自己向财务借钱。我的性格是一个优柔寡断的人，我自己做事往往做不成。”

为了让公司有更好的管理理念，他还特意去美国哈佛大学商学院求学取经。把西方的经营理念融进顺驰中。甚至，为了占领市场，他还创办了顺驰置业网，以此占有终端客户。

让顺驰走向全国，也是因为他看到中国房地产市场逐渐升温，各地的房地产开发商都在做大做强。为了生存，他不得不先下手为强，以战略性手段购地扩张。这在外界看来是疯狂和偏执的成功，却是孙宏斌清晰的战略思维的成果。

但他也并不是如外界说的那样，对风险一无所知。事实上，孙宏斌也知道这样做所要承担的风险。他说：“我一直说商业的本质就是冒险，就像温州人买房一样，本身也是一个商业行为，谈了价格以后，他赔钱也得认了。如果没有风险不如存到银行或者买国债，所以最后成功的还是少数。”

当顺驰的资金链断裂，整个公司被迫停止运转时，孙宏斌再一次体验到“成功和失败，仅一步之遥”的绝望。

但他依然和上一次一样，很快从绝望中站了起来。他说：“面对现实，是做人做企业的基本要求。当我们说面对现实的时候，我们其实是说面对困难、面对残酷现实，是说当你遇到难事、在逆境中不躲不避不做缩头乌龟，要么想办法解决，要么坦然接受失败，然后从头再来。在这过程中你就进步了、成熟了，因为困难和逆境可以让你释放你的无限潜能。”

话是这样说，但面对现实，说起来容易，做起来很难。

不过，既然选择，就得认！哪怕是失败！孙宏斌如是说。

3. 众说纷纭，横眉冷对千夫所指

“激进”的恶兆

成者王侯败者寇！这是横亘不变的真理。

顺驰一帆风顺拓展的时候，某些媒体人纷纷抢先报道顺驰的成功事迹，并夸孙宏斌是一个敢做敢闯的勇士。但当顺驰出现问题，人们马上转了风向，对顺驰进行深度剖析，从管理模式到战略策谋，再到运作方式，都找出问题来。

成功者，说什么都对；失败者，做什么都错。

以至于多年后，孙宏斌在微博里写下这样一段话：“顺驰被收购五年有余了，我从来没有为顺驰辩护过，败了就是败了，不要找借口。

我们犯了错误，比如现金流管理，比如扩张太快。但是顺驰的管理是成功的，因为管理最难的是让所有人有激情、有干劲、肯努力、肯付出、能学习、能成长，这最难的事顺驰做得还好。所有的顺驰人都怀念那个激情燃烧的岁月。”

错了，就是错了，我认。我会汲取教训。但对的，就不要把他们都说成错了，那样会误导后来者的。做公司是如此，做人，亦是如此。

不过，孙宏斌实在是不爱与人辩解，因此人们才会随意说出自己的看法。他们总结分析后，得出一个结论——孙宏斌太激进。

为了证明自己的观点，他们甚至还列出三条激进的理由。引用网易商业报道的文章如下：

（1）大量项目急进试错

一是顺驰中国2004年竞拍拿到的一些大体量的地块，如苏州凤凰城，一直无法按期缴纳土地出让金；

二是由于宏观调控，顺驰中国分布在全国的部分楼盘，特别是位于调控重灾区长三角的楼盘销售不畅，回款不力；

三是顺驰中国的私募没有成功——2005年年底，孙宏斌曾对外高调声称与摩根士丹利即将达成交易，但从此之后即无下文。

（2）资金链阴影陡现

建行天津分行停止了顺驰一笔高达8000多万元的贷款，理由是其发展速度值得怀疑。而据知情人士透露，顺驰的资金链已非常紧张，顺驰在天津各大银行都有大量贷款，包括工行天津分行、建行天津分行和农行天津分行等。其中不乏关联企业的贷款和重复抵押贷款。

面对资金问题，应对之策还有要求所有项目都坚持两大“绝招”。第一招：“推”。即推迟地价支付，完整描述为“推迟首付款时间并合理拉长后续付款”；而第二个“推”的对象是施工单位的工程款。第二招：“快”。即尽快开工、尽快开盘。

（3）上市融资无果

为了解决顺驰和融创的资金链问题，孙宏斌押宝似的将解决资金问题的希望放在顺驰和融创的上市上。他希望通过股市融资的方式成功解套，但顺驰上市搁浅，具体日期推迟到2006年下半年。顺驰中国又终止和大摩谈了一年多的私募。孙宏斌坦承，大摩的条件实在太苛刻，他没能同意。

这些都表明，顺驰在发展的路上，确实走得太过仓促和急速。

孙宏斌并不认可“激进”这种说法，但无论怎样，人们都认为是孙宏斌的激进害了顺驰。刚开始，孙宏斌还解释自己并不激进，但后来发现解释也没有用，索性闭了嘴。

直到多年后，顺驰事件已经成为过去，他才说：“我其实不是一个激进的人。江湖上都说我激进，我真的不是一个激进的人，我骨子里是一个偏理性的人，厌恶风险，自己开车很慢，不允许司机开快车，过马路一定等人行道绿灯。之所以被认为激进是因为我觉得没想好的事坚决不干，想好的事就坚决地去干。朋友说人有不知死和不怕死之分，我应该是不怕死的。”

“草根”的习气

人类是一个矛盾的综合体，今天可以从这个角度来看对方，明天却又可以从那个角度来看对方。顺驰成功时，他们夸顺驰是一个有着深厚企业文化的公司，而且其企业文化和联想、万科等大集团有得一拼。

这种说法是有道理的，他们举出例子让读者们相信：创始人孙宏斌是清华大学的硕士生，是哈佛大学的MBA，他接触的都是西方的管理理念，所以他创建的公司，自然也是一个有着高端大气的企业气质的公司。

但顺驰一朝没落，有很多人便跳出来，指责顺驰的企业气质是草根气质。

何为草根气质？是指与主流开发商和精英阶层意见相悖的气质。

顺驰的兵败，让议论者们都觉得它是逆市而行，根本不符合主流市场的运作模式，因此，它只算得上是一个有着浓郁草根气质的企业。同时，他们还找到四个原因并列了出来：

（1）组织形态的江湖气

顺驰或者融创在组织形态上的江湖气体现在其对自己底层员工的

随意上。一位顺驰员工抱怨说，“顺驰员工的流动性很大。顺驰基层员工在岗 3 个月以上的绝不会超过 30%，上班一个月当店长，两个月当区长，转正后升经理在顺弛是常事，没有忠诚员工。”

（2）核心层个人性格的缺陷

从孙宏斌到李战洪，以及成都公司那个 29 岁就成封疆大吏的商羽，顺驰或融创的管理层给人一个最重要的印象就是狂妄。

（3）企业整体缺乏战略眼光

已经有冷静的观察者指出，顺驰根本没有风险意识，只有一个目标，就是争做龙头、做大。所以，他们肯定是赌博，没有对与不对的问题。假如房地产好，那就是对；假如不好，那大家就秋后算账。但这场赌博现在还没结束，所以无法评价对错，还只是他们的方向问题。

（4）企业制度混乱

“有位员工说，到顺驰这么久，还真没看过什么工作手册、条例之类的东西，到现在也不知道有没有。可是他的核心价值观，可以说是条例了。看你怎么理解这事，俗话说：没有规矩不成方圆。可是这规矩小了吧，有才的人招不下。”

在专业人士看来，只要这四条具备一两条，就很难在市场上生存下去了，而顺驰竟然拥有四条，那么被市场抛弃，是迟早的事情。

孙宏斌听了这样的定论，也只能无奈地摇摇头。他想告诉大家，他是最注重企业文化气质的，而顺驰的企业文化也是最饱含激情、努力并坚持理想主义特色的。但话到嘴边，他又咽了回去，他只是沉默以对。

这时，很多大佬也纷纷加入进来，对孙宏斌进行警告。

万科曾经的董事长王石说：“如果把握好节奏，顺驰能够成为一家非常优秀的公司。但现在它要为盲目扩张造就的奇迹付出代价。”

河北卓达集团老总说：“制造泡沫，破坏市场。”

4. 卖子求生，顺驰花落路劲地产

圈地大跃进，新打法触犯众怒

其实，在房地产大佬们对孙宏斌提出警告之前，早就对顺驰公司的做法不满了。

早在2003年9月，河北的卓达集团就专门针对顺驰发表了抗议书。

这事儿还得从2002年国土资源部的“出让土地一定要实现招标、拍卖、挂牌”这项政策说起。

在此之前，顺驰一直在天津盘踞着，有心向全国房地市场扩张，却苦于冲不破异地市场的壁垒，这个政策为顺驰破除了这个壁垒。这也意味着顺驰将要冲出天津，在全国各地发展了。

孙宏斌马上派人去紧邻天津的河北进行市场调研。得知石家庄有一块面积为 300 亩的土地即将拍卖，顺驰内部马上召开会议，并且，公司管理层在会上拍板，势必要将这块地拿下。

2003 年 9 月，在石家庄 009 号土地拍卖会上，与顺驰一起进行抢购这块土地的，还有以河北卓达集团为首的一些本地房地产公司。经过激烈的竞拍，价格越来越高，许多房地产公司都放下了竞拍牌，唯有顺驰一路跟进。最终，石家庄这块 009 号土地被顺驰集团以 5.97 亿元的价格收入囊中。

这个竞拍结果引起业界的一片哗然。因为按照当时的价格，加上 009 号地所在的区域，最高的价格不能超过 2400 元 / 平方米。然而，顺驰给出的价格使这块地的成本价达到了 3500 元 / 平方米。

河北卓达集团的总裁杨卓舒非常愤怒地说：“顺驰这样做，很明显是扰乱了区域市场的做法，完全背离了市场价值规律。”因此，卓达集团向顺驰发出了抗议书。

但顺驰并没有因此停下脚步，它在购地的路上一往无前地冲刺着：2003 年 9 月，顺驰在上海青浦花了 1 亿多元拿地；2003 年 10 月，顺驰在苏州工业园区花了 5.9 亿元拿到金鸡湖地块；2003 年 12 月，顺驰在南京花了 6.5 亿元拿到河西奥体中心地块。这一系列的数据让人们看得目瞪口呆，紧接着，顺驰在北京又以被称之为“天价”的 9.05 亿元拿到大兴区黄村地块，彻底让顺驰名扬天下。

在这些拿地的过程中，很多房地产集团遇到顺驰，都败下阵来了。于是，很多公司都纷纷发起牢骚，质疑顺驰这样花高价拿地的合理性。

显然，顺驰的崛起，动了太多人的奶酪。孙宏斌的这种新打法，已经引起了众怒。

然而，孙宏斌并不觉得这种做法有什么不妥。他解释说：“很多房地产商是用老眼光去看待土地价格，和过去比较，我们看的则是未来。”显然，这只是两种不同价值观的对碰，并不是他孙宏斌打破市场规律。

孙子兵法上有一条是“狭路相逢勇者胜”。

而孙宏斌在顺驰扩张的那段过程中，使用的就是这种打法。

最危险的时候，放缓脚步

但是，这种打法最担心的一点，就是资金链出现问题。所以王石等业界大佬才会在顺驰扩张的时候向他提出警示。

事实上，在顺驰扩张后不久，孙宏斌就已经被资金链的问题惊出一身身冷汗。在 2004 年 4 月下旬，政府要求银行停止放贷。这对刚刚花了几十亿元人民币拿地的顺驰来说，无异于迎头一击。昨天还一片大好的形势，今天就变得异常严峻起来。

孙宏斌意识到，顺驰最危险的时候来了。

想要在宏观调控的威力下平安度险，唯有一个办法：放慢脚步。

顺驰高层开会决定，两个月内停止拿地。

那些天里，顺驰集团上下都笼罩在一种紧张的氛围中，不过顺驰集团的员工早已习惯了这种紧张的气氛，因为这十年来，顺驰一直都是处于飞速发展状态。时任顺驰中国的总裁张伟说：“回头想想，每次都好像要出人命一样。”这句话也说明不得不如此，飞速的发展，就需要员工高度专注，否则就会被淘汰出局。

放缓脚步，让形势暂时停止恶化。那两个月内，顺驰集团先后开了六个盘，陆陆续续的回款打进账户，处于紧绷状态的资金链终于有了缓和的余地。孙宏斌松了一口气，他觉得，顺驰最危险的时候过去了！

顺驰集团上下也都是这样认为的。他们有理由这样相信，因为短短四个月的时间，顺驰回款25.96亿元。集团内部非常乐观地评估“在短时间内解决了2004年全年34亿元的总量缺口，同时为今后年度结转了近200亿元的销售额。”

甚至，顺驰公司都在着手安排香港上市的事情了。

但这样的松懈并没有持续太长的时间。仅仅一年后，房地产业就进入了最艰难的关口，在这关口，即使资金链没有问题的房地产企业也都不好过，更何况一下子拿了那么多地、开展了那么多项目的顺驰集团。

2005年冬天，对顺驰来说，是一个萧条的残忍的冬天。顺驰不得不进行大规模的人员调整。与此同时，顺驰集团的项目也相继出现质量问题，甚至发生了二手店卷资逃走的事情。这些问题交织在一起，让孙宏斌应接不暇。

2006年年初，心力交瘁的孙宏斌宣布：顺驰某一部分项目将被卖掉。至此，这个当时地产界的神话即将陨落。

自己挽救不了，就给有能力的人去拯救

孙宏斌曾经说："经历过很多事，坐牢、极度困难、一次又一次失败，没有人愿意经历这些，但是碰到了就坦然面对，经历了就把它们变成财富。人总是要死的，人本来就赤条条来赤条条去，所谓的成败又怎么样呢。活得精彩，就值了。"

从这番话里，可以看出孙宏斌是一个活得通透和豁达的人。

通透，是性格直爽，通明透亮；豁达，是博大的胸怀和洒脱的态度。凡事见得通透，自然就会豁达。

作为一个理想主义者，孙宏斌是孤傲的。他敢于挑战中国房地产界的主流圈子，也是他让顺驰具有无尽的想象力，并散发出万丈光芒。

但做公司，总会出现很多让人预料不到的意外，很多外力会让它陷入困顿，并不是只凭一个人的力量就能解决好。历史上，这样的案例太多了。

一手创建了苹果的乔布斯，被董事会赶走，不得不把自己的"孩

子”拱手让给别人；盖巨人大厦的史玉柱，因资金链断裂，巨人集团仅一个星期就垮掉了，还背上两亿元的债务。

扩张过速过猛的顺驰眼看就要成为下一个巨人。即使孙宏斌使出浑身解数，想要力挽狂澜，拯救顺驰于水火，但都以失败告终。他必须面对自己成为当年的乔布斯的命运。

既然自己挽救不了，那就给有能力的人去拯救吧！总好过于崩盘终结。

孙宏斌开始给顺驰寻找下家，以摆脱困境。作为当时最有争议的房地产企业，国内的房地产商就没有不对顺驰感兴趣的，但孙宏斌却将目光投向了香港市场。他选择将自己一手拉扯大的“孩子”以低价托付给香港路劲基建集团。

这个出让决定让整个业界都惊诧不已。要知道，路劲基建集团一直以来只是在基建和交通行业内知名，房地产业界对它所知寥寥。

除了选择的对象，顺驰出售速度之快和价格之低，也是让人们惊诧的原因。在达成收购意向之前，孙宏斌和路劲基建的董事局主席单伟豹仅见过两次面。而且收购顺驰地产 55% 的股权和顺驰苏州凤凰城项目，价格仅为 12.8 亿元，如此闪电般的收购速度和低廉的收购价格，远远出乎人们的意料。

人们都在好奇，这个购买顺驰的路劲基建究竟是何方神圣？能够让孤傲的孙宏斌将顺驰的身家都托付于它。

在顺驰集团的北京“蓝调”项目重新开盘之际，路劲基建集团的董事局主席单伟豹首次在内地亮相。他这样介绍路劲基建：“1994 年，我父亲把在香港专门做工程的惠记集团，与美国国际亚洲基建成立合作公司，取名叫作路劲。主要 goodfeel 的业务就是投资中国的收费公路，投资这个业务，可以什么都不干，而且经营得很好。我们仅仅用两年时间，就在 1996 年完成香港上市，打破了当时香港上市需要三年业绩的纪录，我们是申请豁免三年期被批准上市的，这也是香港第一家不用三年业绩上市的公司。”

人们从单伟豹的介绍，以及公开的资料中得知，路劲基建集团是一家利润从未下降、收益非常稳定的公司。这显然和顺驰一直紧绷的资金链形象形成鲜明的反差。人们开始有些了解孙宏斌选择路劲基建的用意了：他要给自己的“孩子”找一个安稳的家，而不是让它在同一个问题上栽倒多次。

“在进入顺驰之前，我们把顺驰分成 A 和 B，A 就是历史遗留问题比较少而且是独资的项目，这些项目运行正常。剩下的项目，就是我现在直管的顺驰 B，顺驰 B 主要的问题是欠款的问题、人员的问题。我们会在一年内全部解决掉顺驰之前拖欠的银行款、工程款以及土地款。”单伟豹在路劲收购顺驰时的表示，也正好印证了这一点。

而且人们很快就发现，单伟豹和孙宏斌在性格上有着极其相似的地方：都有目标、有冲劲、率直、敢说敢做敢当。或许这也是他们相互吸引，并达成这笔并购交易的原因之一吧！

后来路劲基建又出资 6 亿元收购顺驰 40% 的股权，也就是说，路劲基建集团花了 18 亿元人民币收购了顺驰 95% 的股权。从此以后，顺驰不再姓“孙”了。

5. 总结经验，平衡和稳才是关键

未曾在深夜痛哭过的人，不足以谈人生

柴静采访台湾老兵高秉涵时，高秉涵曾提到自己在半夜爬到山顶痛哭的事情。他说：“我平常不掉泪，掉泪是弱者，所以我不掉泪。”

但那只是人前的时候，半夜里，他却因为腾挪辗转的时光而痛哭失声。他说：“未曾在深夜痛哭过的人，不足以谈人生。”

黑夜里的痛哭，是因为那些令人无法承受的艰难。生命的冠冕以光芒来照耀你，又以荆棘来刺痛你。

当顺驰的辉煌让孙宏斌光芒万丈，顺驰的失败就注定会让他撕心痛哭。每个人都这样以为，毕竟惨败之后的绝望是深不见底的；内心

的悔恨和挣扎，也是无处可逃的。

“卖掉顺驰时，你哭过吗？”记者采访他时也作如是问。

孙宏斌的回答出乎意料：“没有。我看连续剧哭过。我做完这件事（出售顺驰）挺高兴。一个人坚强跟软弱的区别在哪儿？已经都过去了你还哭什么？我觉得你一定要把事情想开了，虽然这很难。我在监狱里面的时候是思考问题最多的，平常没有时间。监狱让你想问题更深了，让你对人性的认识更深刻了。如果你总想着那个时候谁打你了，谁怎么你了，你的眼泪就永远流不完了。”

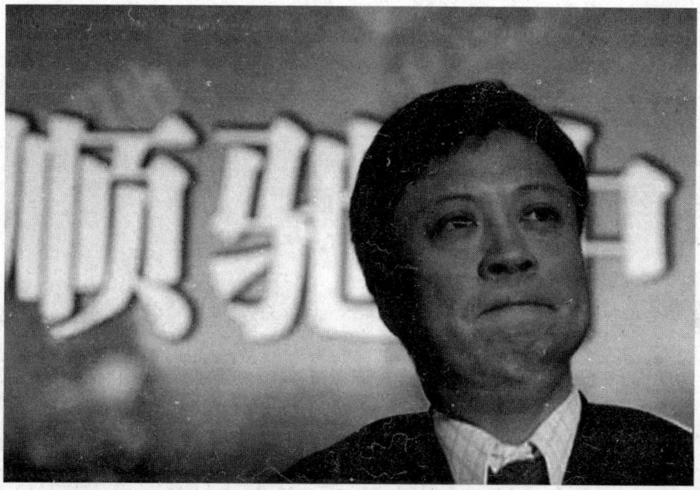

一个看电视剧都会流泪的性情男人，在面对自己的“孩子”不得不拱手让人的时候，怎么可能不流泪？

在顺驰资金链断裂却尚未被并购的那些日日夜夜里，在第一次在公众场合说出“最难受的是钱”这句话时，孙宏斌经受了怎样撕心裂肺的痛苦和悲伤，没有人能懂。所以当记者问他：“你需要安慰吗？”

他毫不犹豫地回答：“没有人能够安慰我。”

简单的八个字，瞬间暴露了孙宏斌心中的痛苦和悲伤。只不过，像他说的那样，他像一只动物一样，失败了就把自己藏起来，躲在一个无人知道的地方默默舔伤。

但他不会被这份痛苦打倒。伤好之后的他会站起来！惨败之后又站起来的人，将会更加坚强，因为磨难越大，锤炼就越狠，坚韧会越强。

后来，孙宏斌用融创证明了这一点。

总结经验，从教训中学到东西

孙宏斌说：“你成功了的时候，别急着总结经验，别把功劳全归自己，因为成功的原因可能不是因为你；你失败了的时候，别灰心别放弃，要深刻总结失败的教训，把经历变成财富；你听到别人的批评或意见的时候，别对付，认真听，会对你有帮助的。”

孙宏斌是一个言行一致的人，他是这样说的，也是这样做的。在联想栽了跟头的那四年里，他不停地反省，并总结出“用人不疑疑人不用”的经验。后来，在顺驰集团，他就用这个经验来管理团队，因此顺驰集团从上到下都有一股因为信任而产生的凝聚力。

所以，即使顺驰失败，他依然骄傲地说“顺驰的管理是成功的，因为管理最难的是让所有人有激情、有干劲、肯努力、肯付出、能学习、能成长，这最难的事顺驰做得还好。所有的顺驰人都怀念那个激情燃烧的岁月。”

而顺驰的失败，他也承认，无论外界怎么评论和讥笑，他都从不为顺驰辩护。因为他认为，败了就是败了，不要找借口，而且他需要的不是借口，而是反省。只有反省，才能超越自己，只有超越自己才能有进步。

孙宏斌自省后得出结论：顺驰的失败，在于现金流管理和过快的扩张。

但，他总结出来的现金流问题和外界谈论的现金流问题有所不同。外界一致认为，顺驰的失败，是因为资金不到位。但孙宏斌却坚持“顺驰的现金流比任何人管得都好”，之所以会出现现金流问题，是因为扩张过度导致。他说：“我有 100 亿元，别人拿 100 亿元干 150 亿元的事情都觉得累，我干 200 亿元的事情是很舒服的，但是我拿它去干了 500 亿元的事情。这样的话，就出问题了。”

他还总结出另一个教训：监管缺位。

在顺驰后期的发展中，有些员工虚报款项数目。本来回款 100 亿，却虚报回款 120 亿、130 亿，这样就会给上层管理造成一种假象。导致上层安排资金时却拿不出现金来，从而形成资金链的断裂。

这个发现让一直说“资金不是问题，关键是模式”的孙宏斌进行了反思，最终得出“风险管理最重要”的结论。

顺驰失败后，还冒出一种声音，说孙宏斌是赌徒。

孙宏斌当即反驳了这种言论，他说："我其实不是赌徒。为什么呢？因为任何事情都需要判断，有判断就有风险。商业本来就充满风险，要不干脆就买国债了。国债也不安全。做企业一定有成败。失败不是最重要的，我觉得最重要的是你吸取了教训。做这种总结的时候很多人都在后悔，我不后悔，因为我学到了东西。"

总结经验，才能从教训中学到东西。孙宏斌学到最深刻的一点，就是顺驰一直缺少一种基本常识："我觉得人要是做成了一件事，做第二件事的时候可能就开始忘乎所以。顺驰的自大也不是凭空的，我们在天津做了那么多年，在当地是绝对的老大。美国的侦探小说特别喜欢写连环杀手。他为什么最后被抓住了呢？因为他第一次第二次第三次都成了，到第四次就一定会出现漏洞。做企业也是一样，成功几次之后对常识就没有敬畏感了。"

"超越自己很难，自省的人才能超越自己。"孙宏斌总结了顺驰的失败教训，开始重视融创集团公司的运营，让其始终保持稳健发展，最终使融创集团发展成一个很大的公司。

第五章　重返江湖的“地王”

有人说我变了，有人说没变。有些骨子里的东西，比如激情、偏执、义气，没有变，也不能变，变了就不是我了。我最大的变化是学会平衡，比如要坚守信念，也要变化调整；要信任尊重每一个人，也要监督管理；要做事坚决，也要控制风险；要确保大方向对，也要关注细节；要拼命努力，也要在意身体等。学会平衡就是成熟。

——孙宏斌

1. 垂爱融创，鸡蛋不放进一个篮子里

稳健为舱、从容为帆，新的梦想已起航

梦想总是要有的，哪怕你是身在深渊之中。而且梦想不是唯一不变的，它会随着你的外部环境而调整，随着你的能力高低而变化。

孙宏斌说：“人必须有梦想，梦想是什么并不重要，重要的是你要为你的梦想脚踏实地地去努力。”当顺驰时代终结，人们以为孙宏斌会倒下来时，他淡然一笑，从容地回答：“我现在的梦想，是做出传世的高品质产品。”

他所说的高品质产品，是指融创集团。

其实，做高品质房产这个梦想早在2003年就在孙宏斌的脑子里萌

芽了，他是一个行动派，想到，就马上做。于是，在2003年，顺驰正开始向全国各地扩张时，他在天津市成立了融创集团公司。

对于这家公司，大家都不陌生，在2017年的春夏季节，它搅动了中国的整个商界。无论是参与重组线上的乐视集团，还是并购线下的万达股权和文旅项目，融创集团都做出了让人震惊的举动。

但2003年的融创集团公司，却没有这么大的雄心壮志，孙宏斌创立它的目的，只是为了打造高端物业项目。为了实现这个梦想，孙宏斌将顺驰集团公司的精英人士都请进了融创集团公司。

同样是孙宏斌一手打造的公司，但融创集团公司从一开始，就和顺驰公司的操作手法完全不同。

顺驰公司是从房屋中介出发，紧接着就购地做开发商，随后霸占天津房地产市场，最后面向全国扩张。自始至终，顺驰都一直处于扩张状态，为了实现这个目的，还不惜以“快”为战略理念。但这样做的弊端，就是做出来的房屋比较糙，大部分倾向于概念，质量无法保证，更谈不上高端精品。

但融创不同，它的出发点就是要打造高端物业项目。显然，孙宏斌是一个理想主义者，尽管他让顺驰高速运转只为销售额成倍增长，但他依然觉得，财富并不是最重要的。一个人最重要的是在自己所在的行业打造出传世的产品，那才是最值得骄傲的事情。

但高品质是和“快”无缘的。所谓高品质，就是要具有匠人精神。把专注、精致、精益求精等品格融合在一起，这样才能修建高品质房屋，而这些品格都是需要专业团队用心用时间来打磨的，缺一不可。

“做高端精品的关键之处是一定要有做高端精品的态度。精品未必是高端的，但高端必须是精品。做精品的确需要体系能力、经验等，但做精品的态度更重要，精工细做、精挑细选、慢工出细活、匠心等等都是需要企业长期坚持的态度，尤其是领导人的态度。”

孙宏斌是一个商人，并不是一个偏执狂。他知道“快”和“好”是两个概念。顺驰求快，融创求好。他也分得清。

于是，在命令顺驰集团要不惜一切代价全国各地拿地的同时，他又命令融创集团要以稳健、从容、长远为准绳。

正是以稳健为舱，从容为帆，融创集团才能走得长远。而这也需要整个集团上上下下都齐心协力，在每一个环节上都能打造出好的产品和服务。

后来，有人向孙宏斌夸赞融创的销售团队能力强大时，孙宏斌骄傲地回答道：“融创的销售执行力是比较强，可融创哪一方面的执行力不强呢？融创的销售的确做得不错，但房子卖得好需要体系能力，地得买得好，产品定位得对，产品品质得好，服务得好。产品不对路，神仙也卖不出去。所以说要销售得好，确实不光是销售部门或销售能力的事，而是整个集团员工共同努力的结果。”

分散风险，鸡蛋绝不放在一个篮子里

尽管顺驰失败了，但每个人都不得不承认，孙宏斌是一个成功的商人。从顺驰公司出现意外，融创集团却毫发无伤就能看出来。

在 2007 年，顺驰公司被推出市场减价甩卖时，很多人都以为融创也会承受连带之罪。毕竟是同一个创始人，又是同一班人马，任谁都会相信，这两家公司是同呼吸共命运的兄弟公司。

人们之所以会这样怀疑也是有原因的。在 2004 年，顺驰公司在苏州置地，准备开发“顺驰凤凰城”。但工程开发到第三期时，却遭遇到国家的宏观调控政策，一向如火如荼的房地产行业瞬间没落，变得不景气起来。在这样的情况下，工程时间越长，对公司越不利，苏州顺驰需要一个合作伙伴，以此缩短这块以 27 亿元购买来的土地的开发周期。这时，融创集团站了出来，它要和苏州顺驰合作开发这个项目。

尽管顺驰的员工再三解释，如果由顺驰一家开发，周期需要五六年时间，但如果两家合作开发的话，则只需要三年时间，因此合作是很正常的事情。

但人们并不领情，他们质疑两家公司之间的资金、业务是都独立，还是有交叉的迹象？

议论声喧嚣日上，甚至有人在媒体上公然提出质疑：“为什么孙宏斌在同一个城市要同时成立两家业务有直接竞争关系的地产公司？”

这种议论声一直持续到顺驰集团公司卖出之日，在顺驰公布的资料中，没有丝毫融创集团的信息，这种议论声才被涤荡一空。显然，融创集团公司和顺驰集团公司之间没有互补、没有资金往来、没有任何协作，它们之间没有任何瓜葛。

人们这时候才真正明白孙宏斌的用意，他创造融创只是在圆自己的梦想而已，并不是人们想象的那样借壳脱身。顺驰是他安身立命的航母，而融创则是他打造梦想的大船，他一边操纵航母征战世界，一边驾驶大船寻找梦想的家园。

但他无意中也遵循了投资规避风险的最佳规则。人们在惊讶之余，不由得佩服和赞叹孙宏斌的前瞻性。

在投资界，一直流传着一句经典的话：不要把鸡蛋放进同一个篮子里，这样的话，就能分散风险，避免出现孤注一掷的凄惨下场。显然，孙宏斌深谙投资之道。

柳传志曾经说过：“孙宏斌是难得一见的对时事一眼看透的人。”在融创集团和顺驰集团的关系处理上，再次印证了这一点。

2. 断臂求生，给融创下几贴猛药

高速发展下的脱缰之马

虽然孙宏斌一直以稳健和从容作为融创集团公司的企业文化核心，但在融创的最初发展阶段，它也曾经被管理层带上高速路。那时的孙宏斌，还没有来得及总结顺驰的失败经验。

2004 年 4 月份，在融创集团的一季度经营汇报会上，管理层提出在 2007 年实现销售额为 240 亿元。但 2004 年的销售回款仅有 25 亿元，想要在三年中实现十倍增长，这就需要融创扩大项目领域，增加项目投资。

为了实现这个目标，融创公司将触角伸向了西南和东北。有人分析，融创在2004年期间，只伸向这两个地方，也可能是为了避开和顺驰的项目有交叉点，因为这两个地方都还没有顺驰的项目。

不管怎样，当时的融创，正在复制着顺驰一样的经营模式：扩张、购地、上项目。西南的成都、重庆，东北的长春，在短短一年时间就推出了八个项目，其中最著名的是重庆的奥林匹克花园，这块占地3300亩的项目，奠定了融创集团在西南的基础。

尽管融创的扩张和顺驰相似，但这些项目和顺驰的又有所不同，它打造的是高端精品房屋，面对的是中高产阶级的用户，而顺驰面对的则是普通刚需用户和炒房客们。相比起普通用户，中高产阶级用户数量本身就少，再加上本地主流房地产开发商的产品，所以想要一时半会儿杀出一条血路，对于融创来说，有些难度。

在国家宏观调控之下，飞速扩张的融创也同样陷入资金链紧绷的状态。此时的融创和顺驰一样，像脱缰之马，几乎失控冲出时代的轨道。两个自己亲手创立的公司，同时面对着同样的问题，这确实让孙宏斌心力交瘁。

手心手背都是肉，舍弃谁？挽救谁？这是个问题。

孙宏斌几经权衡后，决定挽救融创。

之所以这样决定，首先是因为融创还很年轻，扩张才刚刚开始，现在悬崖勒马还来得及；其次是，融创是孙宏斌的梦想所在，他舍不得让它夭折。

而且在他看来，顺驰即使不得不卖掉，但它所代表的“坚持、顽强和屡战屡败”的精神依然在，而且永远不会垮。卖了顺驰开发的资产，顺驰的品牌还在，还是他的。

事实证明，孙宏斌的想法是正确的。几年后，顺驰集团早已被路劲基建公司解体并入其他部门，但顺驰品牌依然专属顺驰（中国）不动产网络集团，一个房地产中介公司。而且孙宏斌在逐渐完成对软银、凯雷在顺驰不动产的股权收购，顺驰会慢慢雄起，坚而久。但融创不同，融创还只是一个新生儿，一旦垮掉，就真的垮了。

孙宏斌决定：挽救融创。

艰难的项目重组

虽然孙宏斌多次解释，自己是一个不做事的人，顺驰和融创的工作，都是他完全放权给各部门的管理人员。但真正需要他力挽狂澜的时候，孙宏斌毫不犹豫地拿出果断的手段，犹如壮士断腕一般对融创集团进行大刀阔斧的改革。

他首先把融创集团的 2005 年销售目标下调到 40 亿元。然后安排万科出身、有着丰富房地产经验的李绍忠上台，将融创集团的战略中心从追求规模和速度的路上拉回到关注利润率的路上来。

重组是艰难的，不只是调换领导班子这么简单，还要对项目进行重新审定和安排。

孙宏斌下令将长春融创和成都融创的大部分股权进行销售。虽然这两个地方是融创集团刚打入进去的市场，但出于对全局的考虑，想要保护融创集团的顺利发展，就不得不削减掉这两个市场的项目。

壮士断腕，不得不为之。

有削减就必须有加持，只有这样，才能保证公司的发展不缩水。于是，孙宏斌要求回购重庆奥林匹克花园项目和天津时代奥城、海逸长洲等项目的股权。这样一来，融创集团的实力没有受到损害，只不过是把市场从扩张变成夯实了。

仅仅这样还不够，因为融创集团在2004年已参与顺驰的苏州项目。按理说，它们合作是一件好事，至少对于孙宏斌来说是如此的。但因为政策的原因，政府那一关无法通过。

如果换成从前，孙宏斌会先和政府沟通尝试一下，但这次，孙宏斌没有这样做，而是选择融创直接从苏州的凤凰城项目中抽身。一直拖下去，对于公司来说，就是消耗，孙宏斌不想把时间消耗在无用的事情上面。

孙宏斌决定把融创从这个项目中抽离出去，但因为公司从组合到抽身，一直都还没有展开项目，所以没有挣钱。而从组合时招聘的员工又必须要付薪酬，现在还要裁员，所以这次合作项目，融创集团里外亏损了数百万元。

无论怎样，这样的重组都是艰难的。不过，幸运的是，艰难重组后，融创被孙宏斌从高速路上拖了下来，它的危机解除了。

现在回头再看那段时光，依然能让人感觉到惊心动魄。最让人感慨的是，同样是孙宏斌一个人指挥这两家公司，顺驰公司因为激进莽撞而倒了下去，但融创公司却得益于谦虚稳定而站了起来。

以至于后来孙宏斌在反省总结经验教训时，对两者进行比较，说出了“风险管理最重要”的话来。

3. 强调稳健，教训是刻骨铭心的

谨慎，用如履薄冰的态度做事

2012 年 11 月 7 日，孙宏斌发了一条微博，语气难得一见的严厉。他说：“最近忙累，很少发火。但今天看到融创星光广场微博上说融创要立志做销售额利润的中国房地产第一，大怒，要求关闭了项目微博账户。告诉同人们我们要知道自己能吃几碗干饭，我们要真的吸取教训，我们要抱着如临深渊、如履薄冰的态度，我们的目标，是无论发展快慢，都要让企业健康从容。”

用如履薄冰的态度做事。换而言之，就是要慎重，不要狂妄；要稳健，不要急躁；要从容，不要急慌。

从容是什么？孙宏斌讲了一个关于他和朋友之间的有趣的事情：

有一段日子，他特别忙，经常出差。在一次出差之前，他和一位朋友吃饭，其间他告诉朋友，最近很从容。

朋友说："你说你从容了，我看你天天忙得像贼一样，从容个鬼。"

孙宏斌回答："能有时间和你这样的老男人吃饭，就是从容。"

在孙宏斌看来，从容不是悠闲、不忙。从容是指很忙的时候心里依然不急躁、不担心、很笃定；从容是指走得很快时，还有心情看路边的风景；从容是指衣柜里有夏天的T恤冬天的棉袄。

作为一家高端房地产公司，从容就是不盲目追求销售额度，而是先把产品质量做好，只有好的产品，才能吸引用户来购买。用户购买率高了，销售额自然就涨上去了。

自从重组之后，融创集团公司一直坚持这样的理念，他们做出来的重庆奥林匹克花园就是这种理念的最佳表现。

从2004年，融创将奥林匹克花园的股权回购后，他们便用心在这个属于融创自己的天地里用心耕耘。在3300亩土地上，融创修建出雅典洋房、新亚洲、红城、紫枫郡、融创御锦和奥山别墅等区域。

在修建的开始，融创就拒绝了顺驰之前项目复制的做法，他们要做出个性来。对于追求高品质的融创来说，产品的复制是对土地的浪费，也是对设计师和融创品牌的玷污，在这种理念的督促下，每个楼区都各有特色。

尤其是承袭了ArtDeco正统风格的融创御锦，深得重庆国际新贵们的青睐，他们纷纷购买入住，融创御锦也因此成为重庆的上流阶层贵族居住区，而这恰好是融创集团打造高品质房屋产业的目的。因此，奥林匹克花园是融创成功的典范。

为了实现这个目标，融创人可是用了心。他们非常慎重地请来加拿大 AAI 国际建筑设计事务所和上海和平饭店改造设计团队，设计出体现独特人文性的 ART-DECO 装饰主义风格。

正是融创集团这种如履薄冰的谨慎态度，让融创御锦在三百多个项目中脱颖而出，获得有“中国地产诺贝尔”之称的第八届精瑞奖中的“建筑文化奖”。

而这个奖项的获得，也间接证明，融创对生态人文和高品质的追求得到了业界的认可。这也是给予融创，给予孙宏斌最大的褒奖。

稳健，拒绝速度和激进

自从顺驰时代过去了，孙宏斌总结出的最大经验就是要稳健。

稳健一词，最早出自于《唐国史补》一书，意思是稳而有力。一个公司，倘若做到了稳健，就能避免很多风险，因为稳健能够帮助你提前预知风险，并规避风险，这样就能使公司健康地发展下去。

想要稳健，就要拒绝速度和激进。

孙宏斌不但告诫自己要拒绝速度，也告诫公司上下的员工，都要拒绝速度和激进。在这样的告诫下，融创集团的项目都开始慢了下来。继重庆奥林匹克花园项目后的天津星美御项目，是融创集团在经历和总结了顺驰集团公司的经验教训后的第二个项目。

按照孙宏斌以往的效率，这个项目只需半年就能搞定，但这一次用了三四年的时间。这个项目2006年开工，直到2010年才开始推出楼盘，三四年的时间，只为求得稳健。

经过时间打磨出来的房产，是值得人拥有的。融创星美御项目首期只推出了20套房源，却接到近千名客户的预约，百分之一的选拔率，让融创的员工们都很振奋。一套房源有10个客户进行选拔就已经很密集了，最后，融创集团不得不采用资产证明筛选的方式，来确定200名客户。

在这200名客户里，包含政府官员、银行高管和成功民营人士，他们都有着丰渥的收入和高端的学历，处在社会中的上流。其实天津市里有很多高端项目，他们本可以有其他选择，但他们放弃了其他的高端项目，选择了星美御，主要是因为星美御的建筑材料，建筑时间和建筑风格，都让他们感觉这是质量第一、品质第一的产品。

而且，融创公司不但在产品本身的质量上下功夫，在物业服务上也十分用心。他们在设计上打造四栋住宅围合一个庭院、中间有一块绿化地带，以确保给用户营造一个温馨的居住氛围。除此之外，还有最好的物业管理团队，以确保5年、10年，乃至更久的日子里，星美御的住户们依然能享受到最好的物业服务。

这些设计和建造，都需要时间，但融创集团在孙宏斌的带领下，始终坚持以“稳健”为指导思想，最终塑造了这样一批高端精品。

从 2010 年到 2012 年，星美御的销售一直稳居天津市楼盘销售榜首位。很多人说是销售团队的能力体现，但融创上上下下的人都知道，这是融创寻求稳健、拒绝速度和激进的必然结果。

4. 高端路线，现金流背后的改革

做高端精品的四大关键

融创集团公司打造的是高端精品，这个理念天下人都知道。于是他的朋友和他谈话时，偶尔会提到“精品”两个字，但很多人并不理解“精品”的概念，常常有人因此闹出笑话来。

在一次酒局上，孙宏斌和一个老板聊天。该老板说：“我要开一家精品酒店。”

孙宏斌说：“好啊。”

该老板说：“我要请各类大师来酒店举办高端讲座，比如国学大师、经济学大师、禅学大师等等。”

孙宏斌问：“那你的目标客户是谁呢？”

该老板回答：“我们是为了给孙总您这样的人服务……”

“打住。”老板的话还没有说完，就被孙宏斌打断了，他说，“我不是你的目标客户。我住酒店希望房间住着舒服，餐厅饭菜可口，服务员漂亮温柔。我是一俗人，喜欢酒店是酒店，饭馆是饭馆，商人是商人，文人是文人；不喜欢四不像，更讨厌大师。”

这个小插曲说明了很多人对精品有误解。

所谓精品，并不是把所有社会公认的有格调的元素堆砌在一起。那样的话，就是四不像。精品是优质，是纯粹，甚至有时候是简约。

作为一个以打造高端精品为己任的理想主义者，孙宏斌为了帮助大家更好地理解“精品”的含义，总结了做高端精品的四个关键点。从这四个关键点里，人们就会找到“精品是什么？怎样鉴别精品？怎样创造精品？”等一系列问题的答案。

关键一，对客户的理解和市场定位要准确。中低端客户买房可能是找优点，如地点好、价格低、学区好他就买了；而高端客户买房是找缺点，找到一个缺点他就放弃了。高端客户都是走南闯北、见多识广、有判断的主，相对价格他可能更在乎地段、品质、身份、面子等，但他更会准确判断性价比和投资价值。

关键二，一定要有做高端精品的态度。精品未必是高端的，但高端必须是精品。做精品的确需要体系、能力、经验等，但做精品的态度更重要，精工细做、精挑细选、慢工出细活、匠心等等都是需要企业长期坚持的态度，尤其是领导人的态度。

关键三，要控制好成本。高端客户是需要什么都好，要求均好性，要求高品质。但也不需要所有的东西都用全球顶级品牌，有些小众顶级品牌用起来就是累赘，修一次就可换一个其他品牌，且不说需要很长时间。高端精品的成本控制主要是对产品标准的把握，一定要根据市场定位确定合适的产品标准。

关键四，高端精品一定要有高品质的服务。再高端再精品的房子也是用来住的，高品质的服务让住成为享受，高品质的服务也才能让房子升值。高品质的服务是高端精品的归宿和灵魂，绿城的物业管理，绿城的园区服务体系，龙湖的物业管理，仁恒的物业管理，都是我们学习的榜样，我们也在努力。

从这四个关键点中，不难看出孙宏斌立志打造高端精品的决心。也正是因为孙宏斌有这样的决心，所以融创集团才会有信心打造出一个又一个的高端精品项目来。

一直以来，人们谈到的高端精品都和享乐有关，与刚需无关。但孙宏斌却不这样认为，他说："高端精品更是刚需。不只是首套房小户型是刚需，有钱了改善住房，有钱了在大城市买房让孩子接受更好的教育都是刚需，刚需和口袋里的钱有关，和现在住啥房无关。"

现金流带来的改变

在顺驰时代结束的第五个年头，孙宏斌说了这样一句话：“顺驰被收购五年有余了，我从来没有为顺驰辩护过，败了就是败了，不要找借口。我们犯了错误，比如现金流管理，比如扩张太快……”

在这句话中，孙宏斌提到了“现金流”三个字，而在前文中，这三个字出现的频率也相当高，这也意味着无论是顺驰还是融创，想要发展都离不开现金流的管理。

其实，不只是孙宏斌的公司如此，只要是企业，都离不开现金流的管理。那么，现金流究竟是什么呢？它有着怎样的背景？在企业中又占据着怎样的地位？现金流管理的好坏又能为企业带来怎样的改变呢？

现金流是指企业通过经营、投资、筹资和非经常性项目等活动产生的现金流入、流出及其总量情况的总称。现金不是指我们钱包里所持有的钱币，指的是企业的库存现金和银行存款等货币资金。

从顺驰公司的失败可以看出来，现金流决定着企业的兴衰存亡。能够迅速转为现金的收益才是货真价实的现金流，如果不能迅速转化为现金的货币资金，那就是现金流量恶化。一家企业，现金流数量多，证明其财务状况良好；反之，则证明其财务状况糟糕。

顺驰公司当初被迫卖掉，就是因为通过现金流分析，发现它已经没有任何能力清偿到期债务，而且已经没有生产现金流量的能力，所以不得不做出那样的决定。

顺驰的教训，让孙宏斌清醒地认识到现金流在企业中的地位，因此非常重视起现金流来。融创集团的财务部门从存货周转期、现金回收期和付款周期等方面入手，坚决重视财务的收支情况。

而且他还在公司建立现金流管理制度，并培养管理层的现金流管理意识，以此强化对现金流的重视。

现金流的经验教训一直深入孙宏斌的思想里，同样也让融创的其他股东小心翼翼。在 2012 年，融创和绿城合作时，有很多朋友都给孙宏斌打电话，这些朋友既为他高兴也为他担忧，担忧的就是现金流的问题。

孙宏斌回答说："我们已经认真考虑过现金流这个风险，也会认真控制风险，顺驰的教训已经汲取，我们不会被同一块石头绊倒两次。"

过了几个月，融创出现较高的净负债率。这下子了不得，很多人又开始说融创的现金流不安全，这很让孙宏斌无奈，他说："对于融创较高的净负债率，我在业绩发布会上说我们没打算降低净负债率，因为净负债率指标不能完全反映现金流安全度，而销售额和净负债的比率更能反映，从销债率看我们的现金流是安全的。"

在 2017 年 7 月，因为收购万达和参与乐视的事件，很多朋友再度担忧融创的现金流问题。孙宏斌这次非常认真地回答：“朋友们不用过度担心融创。一是我们因现金流失败过，知道现金流的重要性，重视现金流，把公司安全放在首位；二是我们知进退，在放弃上没有人比我们更决绝，比如10月份以后不在公开市场买地，等待并购机会，比如放弃绿城、佳兆业、雨润；三是我们有战略更有执行，我和团队一直在一线，听得见炮声，敢拼刺刀。”

孙宏斌如此铿锵有力的回答，应该会让那些担心融创重蹈覆辙的朋友放心了。因为从话里能看出来，孙宏斌对现金流问题的重视，会持续一生。

5. 逆市夺王，风声鹤唳时的胆略

王者归来，融创一鸣惊人

受金融危机的影响，2008 年成为中国土地市场最冷清的一年。

在这风声鹤唳的时候，所有的房地产商都蛰伏起来，不求挣钱，只求平安度过危机。然而，就在这时候，孙宏斌以 20.1 亿元的高价收购了北京市海淀区的一块土地，这一举动也将他推上了舆论的风口浪尖。

这个场景太熟悉了！五年前，也同样是在北京，孙宏斌以 9.05 亿元的高价收购北京大兴区的土地，从而成为当年的地王。现在，他又以同样的形式成为地王。

王者归来！一鸣惊人！

但所有人在惊诧之余，又都为他捏了一把汗，要知道，今非昔比啊！2003年时，没有金融危机，顺驰还跌进资金链断裂的泥沼，最终也未能爬出来。顺驰只是内因管控没做好，便导致失败，现在可是全球金融危机啊，光这外部因素就足以置人于死地呢！更何况，孙宏斌会不会再犯同样的错误，以激进的方式，最终把融创也带入困境中？

一时间，议论声四起，孙宏斌再次成为质疑的对象。

但孙宏斌并未多做解释，作为一个14年来一直在房地产界摸爬滚打的人，他怎么可能比其他人少了解目前的市场。

在这次购买成功之前，北京的土地市场一整年都在遭受市场冷遇。多块土地挂牌销售却都无人问津，而且其中不乏地理位置奇佳的，但都没有人购买。这些现状只能说明一个问题：这是一个漫长的房地产冬天。

没有人知道，孙宏斌为什么此时会突然站出来高价拿地。孙宏斌也不会说，即使有很多记者去采访融创集团，但也都没有得到答案。

人们给这个项目算了一笔账：楼板价7000元/平方米，想要保本，需要售价达到13000元/平方米才行。但周边的花园洋房，售价才13000元/平方米。这样算下来的话，销售是个问题，众人都替融创捏了一把汗。

在这样的状态下，融创在北京开工了。

几年后，这块地的回款高达150亿元，（见下图）人们这才为孙宏斌松了一口气，但同时也都很佩服他过人的胆量和超常的前瞻性。

同时，人们看到这批土地打造出来的高级住宅，终于明白了当初孙宏斌为什么会在那样的情况下还敢高价购买土地了。原来，他是决定让融创在北京这座城市里扎下根基，并把资源汇集到这里来打造高端精品。

显然，这样的战略非常成功。而孙宏斌，再次被人们冠以“王者”的称号。

理性发展，该放弃时就放弃

孙宏斌曾说：“做一个决策，你一定要听最聪明人的反对意见，因为他们过去总对；也要听亲人的反对意见，因为他们想让你好。如果你都认真听了，还觉得自己对，坚决去做。对于其他愚蠢的或不动脑筋的或人云亦云的反对，甚至是人身攻击辱骂等，千万别让他们影响你的情绪和心态。最可怕的是该听的意见没听，不该听的意见却影响了你。”

这段话的潜台词，是说在做决策之前，一定要理性。

理性是一个企业发展的基石，尤其是动辄上千万上亿元的项目，就更需要决策者有理性了。否则的话，就会被卷入风险之中，轻则破财，重则崩盘。

在顺驰之后，孙宏斌变得非常理性。其实，他骨子里就是一个偏理性的人，只是诸多原因汇集在一起，才导致了顺驰的资金链断裂。但这并不能否定孙宏斌的理性，一个不理性的人，是不可能白手起家，并在短短的几年时间中将公司发展到那么大的。

不过，在顺驰之后，他更加理性了。之前，他的理性更多的是约束自己，但这次他的理性已融入了公司的管理理念里。

以前他从来不过问公司的事情，无论是什么决策，都由各项目的负责人和团队成员来做。但现在他坚持在一线，因为这样，他才能带动公司的执行力。

在 2012 年伦敦奥运会开幕式之前，他收到两份邀请函，但都被他拒绝了。问其原因，他回答说：“一是不喜欢凑那份热闹；二是这几个月公司都很忙，我也忙，不应离开，如果我在伦敦开幕式上，相信公司的那股劲多少会受影响。融创执行力被公认很强，总有人问我为什么？其实领导人在一线，领导人的以身作则很关键。”

孙宏斌的理性不只是体现在这些细节上，更体现在重大的决策中。

2012 年 7 月 10 日，融创和万科、华侨城、龙湖、中赫等房地产企业，云集在北京市国土资源局二楼的土地交易拍卖厅里，他们要参加万柳地块的最后竞价。

这块地位于北京的三四环之间，紧邻地铁和中关村，学校、医院、商场等配套设施非常成熟，而且交通非常方便。以上诸多原因导致这块地虽然面积才 7.8 万平方米，但地价奇高，被称之为北京市 2012 年的地王。

每一家房企都看好这块地的回报率，因此都志在必得。一场残酷的厮杀在这里展开了。

这次拍卖与众不同之处，在于竞价上限的方式。最高价为 26.3 亿元，如果有两家以上的企业都超过最高价，就以保障房的面积大小定论，面积大者胜出。

自信的融创率先举牌，其他企业纷纷跟进，你追我赶，很快就达到了 26.3 亿元的上限。此时还有包括融创、中赫等在内的五家企业都在举牌，于是进行第二轮角逐：以回购房面积多少定胜负。

在最后，只剩下融创和中赫两家企业在竞争。人们纷纷看好融创，因为凭着孙宏斌一贯的做事风格，能够这样持之以恒地举牌，肯定是志在必得。然而，让人意想不到的是，在经过 326 轮次的争夺后，融创停止了竞价，这块地最终被中赫收入囊中。

竞拍结束后一小时，在人们不解的目光中，孙宏斌发表了一条微博："祝贺中赫竞得万柳地块，这块地是非常稀有的优质地块，相信中赫能做出好产品来。很多媒体朋友打电话，问我感受，我说我们喜欢这块地，但我们从来没有志在必得的地块，合适就拿，不合适就不拿。我们有我们的上限，我们有我们的纪律，必须遵守。市场有很大的不确定性，每个人必须自己做判断，自己承担风险。"

人们终于明白了融创在这次竞拍中放弃的原因，是因为融创的决策者用理性在指导方向。

能争取就争取，该放弃时就放弃。这时的孙宏斌，已经不再是当年那个放言要用战略竞拍冲向全中国的孙宏斌了！

第六章　懂得克制的成功者

年轻时觉得自己聪明，努力，希望抓住所有的机会，做事激进坚决，争强好胜，喜欢说死也要轰轰烈烈。年纪大了知道首先不能掉进坑里，得先活着，再去抓住属于自己的机会，看不明白的机会就坚决放弃，让自己和企业都活得健康从容。年轻不能四平八稳，年纪大了不能不顾一切，什么年纪干什么事，别活反了。

——孙宏斌

1. 毛利红线，从来没有志在必得

克制，用铁的纪律

孙宏斌说，什么年纪干什么事。

年轻时就要疯狂一下，因为做人需要某些疯狂的时刻。疯狂，是不惜代价的投入，是不顾一切的坚持，但岁数大一点，就会觉得忍耐、让步、宽容更重要。

不过，无论是年少还是年老，克制都很重要。

克制就是既要知进，也要知退。这点每个人都需要知道，无论你是公司主管，还是公司职工，都需要克制。

因为克制，融创在 2012 年放弃了两个地王级的地块项目。一块是前文提到的北京市万柳地块，还有一块是天津市的绿荫里地块。

放弃这两块地，对于融创和孙宏斌来说，可不是一件容易的事情。要知道，融创本来就是做高端精品项目的，对地块位置要求相当高，这两块地都在市中心最繁华的路段，而且周围的配套设施都很全，一直都是高阶层消费人士的首选居住地带，也是房地产商制作高端精品的最佳地块。

为了夺得北京万柳地块，北京融创集团的员工们去考察、去调研、去核查大数据，并以此做出最大可能的竞价。融创上下，众志成城，志在必得。

但在竞拍到最后的关键时刻，孙宏斌发现中赫提出的竞拍价已经远远超出他们的承受能力，于是他克制住自己一心想要获得这块土地的冲动，断然放弃了竞拍。

五个月后，孙宏斌又不得不再次克制自己，这次是因为天津的绿荫里地块。

和北京万柳地块有所不同，天津是孙宏斌创立公司的地方，是顺驰和融创的大本营。对于这座城市，孙宏斌有一种莫名的感情。他看到天津虽然号称直辖市，而且紧邻北京，却没有一个能称得上高端精品的房地产项目，他觉得很遗憾，他想在天津做出第一个高端精品项目来。

为了这个梦想，他一直在寻找合适的地块，最终发现了绿荫里。但市政府一直没有说卖，他只能默默地关注着。多年后，当天津市政府说要竞拍这块土地时，孙宏斌异常欣喜，他亲自率领融创团队在价格上做出最大限度的规划。

他们也了解了竞拍对手的信息，其中央企华润和保利是最大的竞争对手。但在竞拍前夜，这两个对手却紧急退出了竞争。得知这个消息，融创上下都很高兴，两个强大的对手没有了，融创拿到绿荫里的胜算又大了很多啊。

但在 2012 年 12 月 24 日下午的竞拍会上，北京顺义新城建设开发有限公司却展开了强烈的购买意愿，与融创进行你追我赶的竞拍厮杀，短短 20 分钟，就把竞拍价提到了 40 亿元以上。这已经将要达到融创的价格上限，但顺义新城建设却完全没有收手的苗头。

面对鲁能集团旗下的这个公司，孙宏斌知道自己遇到强劲的对手了，但他又真舍不得就这样放弃这块地，于是竞拍还在继续。直到顺义新城建设喊出 46.2 亿元的竞价，这已经超出了融创的价格上限，孙宏斌纵然再不舍，也只能克制着自己，向融创竞拍团队示意放弃。

竞拍结束后，他发了一条微博："绿荫里地块最终还是没有拿到，很遗憾。天津是融创的大本营，绿荫里又是天津最好的地块之一，融创关注绿荫里地块多年，希望在这块地上做一个天津最好的、能和一线城市好项目媲美的极品。但是再好的东西也要价格合适，我们必须遵守纪律学会放弃。祝贺鲁能，相信鲁能一定会不辜负这块土地的天生丽质。"

字里行间，我们可以看到一个热情洋溢却又克制理性的孙宏斌。

平衡，为公司划一条红线

连续放弃两块“地王”，而且都是在数一数二的大都市里，孙宏斌不是不遗憾的。而让他克制自己的，是他在汲取了顺驰管理中的经验教训后，为融创制定的纪律。他不再让感性操控自己，而是让铁一般的纪律来约束自己。

在2013年的9月，融创集团在苏州、杭州和重庆三个城市参加七块地的拍卖。在这条纪律的约束下，融创集团只拿了重庆的一块低密度地，因为它的价格对于融创来说合适。虽然融创集团对杭州华家池和苏州金鸡湖的地都青睐有加，但因为价格远远超出了融创集团的预期规划，所以断然放弃了。

后来，孙宏斌也说了自己的感想：“我一直对房地产市场悲观，因为房地产行业不可能在经济下滑压力巨大的环境下一枝独秀，需要慎重选择。我们选择一线城市核心地段高端精品，我们有选择、有判断、有纪律，执行得也很坚决。”

在这段话里，孙宏斌再一次提到了“纪律”两个字。这条能让孙宏斌和融创团队都能在关键时刻克制冲动的纪律，是什么样的呢？

融创集团的拿地纪律：针对具体城市的具体地块，对土地的毛利率以及内部回报率设定严格测算，测算数据为红线。一旦拿地价格超过该红线，无论对这块地多么青睐有加，竞拍成员都必须停止再举牌。

在这条红线中，有一个 30% 的数据。也就是说，毛利率的红线最低不能低于 30%，一旦低于这个数值，这个项目就有可能给整个集团带来未知的风险。

关于这条纪律和红线的作用，孙宏斌说："对于我来说，没变的是理想和激情，变了的地方，就是更注重和讲究平衡，不走极端。"

是不是有了这条红线，集团就不会承担风险了呢？

作为一个成功的企业家，孙宏斌断然否决了这个答案。他说："承担风险和控制风险，本来就是一个矛盾体。"

承担风险，是一个企业家必修的功课。并不是说有了红线，就一定能将风险摒弃在安全线之外。要知道，"干啥都有风险，不承担风险就啥也干不了。"

红线是孙宏斌和他的融创集团控制风险的一种方式，有了这种方式，融创集团的项目就不会陷入资金链的断裂中，这就最大限度地避免了风险。

但这条红线也制约了集团拿地的行动，所以才会多次与好地块擦肩而过。而地块，是房地产开发商安身立命的根本所在，没有了地块，集团就没有项目，也就无法开展工作，最终会导致集团衰弱，甚至关系到生死存亡。所以这条红线也是一柄双刃剑，它在控制风险的同时，也在制约着发展。

而怎样才能更好地平衡这个关系，也是孙宏斌一直在做的事情，而且做得非常不错。

在2010年，融创集团在中国房地产企业销售榜上的排名远在30名之外；但在2011年，就冲进了前20名，处在第18名的位置上；到了2012年，在连续放弃两块“地王”的情况下，融创以356亿元的销售额，位列第12名；2014年，融创以715.5亿元的销售额跻身于排行榜的第10名；2015年，融创以734.6亿元的销售额排名第9；2016年，融创以1553.1亿元的销售额排名第7。

这一系列的数据证明：孙宏斌把平衡做得非常成功。

2. 登陆联交所，踏足国际资本市场

亲近投行，与世界经济接轨

一个不想当将军的士兵，不是一个好士兵。同理，一个不想与国际接轨的企业家，也不是一个有远大理想的企业家。

孙宏斌是一个有远大理想的企业家。

从创建公司的那一天起，他就想要让自己的公司与国际接轨。为此，他专门把公司托付给同事，自己则远渡重洋去哈佛大学深造。他在为公司冲出国界、冲出亚洲、冲向世界做准备。

一般来说，公司想要与国际接轨，有几种模式：走出去，在国外创建实业，在他国的土地上建造自己的一片江山；还有就是把资本和

管理模式引进来，让国际资本和知识为自己所用。

房地产商走出去的案例也不是没有，万达集团在海外购买土地的新闻时有报道，但那毕竟是个例，而且万达不只是一个纯粹的房地产商，他还有其他产业做支撑。如果纯粹的房地产商走出去的话，就会遇到很多问题，风险也会成倍增长。因此，很多理性的房地产商都不会去国外买地造房，哪怕他们在富豪榜上身价超过百亿千亿，都不会做这种生意。

融创集团也没有去国外购地的打算，所以孙宏斌选择与国际接轨的模式是第二种。早在 2000 年时他就把西方的管理模式引进到了自己的公司里。顺驰能够如此迅猛发展，与开放式的西方管理模式是分不开的。

但作为一家资本公司，只是管理模式与国际接轨，是远远不够的，还需要资本与国际接轨才行。需要把国际资本引进来，公司才能发展壮大，而资金链的问题也会被规避到最小。

孙宏斌早就认识到这一点，于是在 2007 年时，他一边深耕融创集团在各大核心城市的战略布局，一边与国际战略投资者们沟通交流。他要将国际资本引进来。

当时的美国雷曼兄弟公司，是国际上著名的战略投资者。孙宏斌经过努力，最终说服雷曼公司投资，成为融创集团的股东。2008 年，雷曼兄弟公司破产，但这并不妨碍融创的投资，因为著名的贝恩与德意志银行继承了雷曼兄弟股份，成为融创集团的新的国际战略投资者，而且这个新的投资者更有实力。

与此同时，鼎晖公司和新天域公司都与融创合作，成为融创股东。融创集团的融资计划实现了，这是之前顺驰公司一直想要做却都未能做成的事情。战略投资者的加入，等于又给融创集团的资金链加了一层保护。

只不过，孙宏斌明白，投资者们只是提供资金，他们不会做任何判断，因为他们不需要承担责任。所以即使与国际资本接轨了，一切控制风险的行为还是要自己负责。

也就是说，他肩上的责任不但没有因为国际资本的引进而轻松，反而更加重大了。不过这也正是做领导的意义啊！

就像孙宏斌自己说的那样，你能承担多大的责任，就能享受多大的荣光！

联交所，我来了

2010 年 10 月 7 日，是孙宏斌的房地产事业中最举足轻重的一天。这一天，孙宏斌站在了香港联合交易所的大厅里，他的融创集团在这一天挂牌上市了。

在此之前，孙宏斌有两次可以站在这个大厅的机会，但都阴差阳错地擦肩而过了。

第一次是2004年，年销售额达到100亿元以上的顺驰公司张罗着登陆联交所上市。为此，天津顺驰集团和香港汇丰银行都签订了协议，汇丰受聘担任顺驰集团的海外上市保荐人。

一切准备工作都已经就绪，但顺驰上市的时间却被一拖再拖。究其原因，原来是审核过程非常复杂，需要顺驰公司和汇丰银行各有一名内地律师和香港律师，分别向顺驰提出问题，然后把问题汇报给香港联交所。

问题包括第一笔资金的来源，买地钱的来源，各块土地的土地证，每个项目的市政计划以及经营资料，还有银行是否有不良记录，等等。一旦其中有一个问题不能让联交所满意，便不能通过审核。

顺驰在此之前，正好全国扩张，项目极多，资料准备起来耗时耗力，所以才会导致上市时间一拖再拖，然而拖到顺驰被收购，上市计划也就流产了。

第二次是2009年，当时，融创集团再次准备上市。这次有贝恩资本和德意志银行的资本投入，融创集团远非当年的顺驰可以相提并论。

孙宏斌信心满满地率领团队去往香港进行上市前的路演。但此时，恰好赶上地产调控颁布限制投资者购房的政策，投资者对地产股没有兴趣，融创不得不宣布暂停上市。

虽然错过了这两次上市机会，但孙宏斌并未气馁，他没有停止往前的脚步，而是坚持将路演时承诺购买土地，以及收购少数股东权益的计划完成，这也成了后来融创能够上市的加分项。如果得知上市计划搁浅，孙宏斌就停止之前的计划，只怕后来融创上市也没有那么容易。所以，机会总是给有准备而又坚持的人。

那么，香港联交所是一个怎样的平台呢？为什么所有企业家都以站在联交所大厅为目标呢？

有关香港联合交易所，在百度里是这样叙述的："香港交易所是中国企业筹集国际资金的最有效渠道，香港与其他证券市场的伙伴关系和相互合作，股本资金的投入，对促进经济现代化和市场自由化非常重要。综观亚洲区内以至环球金融市场的发展趋势，香港交易所的发展潜力无可限量。重新整合的市场架构拥有庞大资源做后盾，为市场使用者提供主要对冲与风险管理设施，同时亦提供资金促进中国的发展。"

香港联交所对国内企业的吸引力，除了在不断向前迈进的精神的推动下，香港联交所发展成为资金高度流通、交易成本低廉的国际主要市场之外，还在于它与国内企业有同一文化背景，沟通起来比较容易。而且最让企业家们期盼的是，联交所和美国 NASDAQ 签署备忘录，一些股票可以同时在两地上市交易，这也为渴望更大规模融资的中国企业打开了又一扇窗。

综上所述，就不难理解为什么包括孙宏斌在内的很多国内企业家都梦想着能够让公司在香港联交所上市了。

就这样，经过六年的跋涉，孙宏斌终于站在了香港联交所的大厅里。从此，他的公司将踏足国际资本市场，并会迎来更大的融资规模，而公司的发展也会前途无量。

3. 风险意识，承担和控制的价值

屡败屡战，要为失误留余地

站在融创集团上市香港联交所的节点上往回看，孙宏斌这一生经历了无数次的大起大落。成功和失败，就好像是两个连体婴儿，一左一右紧紧地跟随着他。

在联想任职时，孙宏斌刚把公司的销售打开，把公司盘活，26 岁的他期盼着顶头上司柳传志从香港回来，然后把这些成绩捧出来给他看。然而，让他没有意料到的是，他还没有来得及和上司柳传志分享成功的喜悦，就被人一纸“告密信”发到了香港，这封告密信搅得柳传志寝食不安，也搅乱了孙宏斌的形象。

本来两个人都说开了，一切问题都不存在，孙宏斌完全可以在联想里继续他的职业梦想。然而下属的一心维护，让他的形象再次减分，仗义的他明知下属们的冲动和莽撞会害了自己，可依然还是替他们背锅顶罪，而这代价就是失去了四年的自由。

在顺驰，孙宏斌刚计划扩大公司，经过十个月的努力，版图也已规划完成。然而，孙宏斌尚未来得及享受指点江山的成就感，就遭遇国家的宏观调控政策，失控的顺驰公司被迫卖掉。

但在他卖掉顺驰之后不久，宏观调控放松了，房地产业开始进入了春天。也就是说，顺驰如果再坚持一下，也就可能熬过了那个难关。但生命从来没有如果，而且，万一不卖掉，宏观调控又一直不放松呢，那样只会问题更多，失败得更加彻底罢了。

所以后来，在融创刚拉来国际战略投资者的国际资本时，所有人都觉得幸运之神终于青睐孙宏斌了。因为他遇到了生命中的知音，还记得 2007 年，作为美国的第四大投资银行的雷曼兄弟公司，计划向融创投资 3400 万美元时，孙宏斌说："我们最大的价值就是犯错误多，吃的亏多。"雷曼兄弟集团说："没有赔过钱的公司，我们反而不放心。"

为了鼓励孙宏斌，雷曼兄弟公司还将他邀请到美国的雷曼兄弟集团总部，指着那些业务人员告诉孙宏斌，这些都是赔过钱的人。只有犯过错误的人，才知道哪里有陷阱，才不会再一次栽跟头。

受到激励的孙宏斌满怀信心，然而，眼看有望上市时，融创却又遭遇全球金融危机。这次金融危机让国际投资者雷曼兄弟公司破了产，融创的上市计划也不得不延后。

这一系列的事件，让旁观者都看不过去了，甚至认为整个世界都在与孙宏斌为敌似的，所有人都在为之叹息，也都在等着看他的倒下。要知道，换作任何一个人，遭遇到这其中的任何一个失败，只怕就会一蹶不振，一生都会在消极沮丧中度过了。

然而，孙宏斌却一直都站立着！

在他最痛苦的时候，也就是顺驰卖掉后的一天，他喝多了，然后唱起了歌。他选的歌曲是《一无所有》，那天，他把这首歌曲唱了两遍，他的悲壮和痛苦，都在那歌声里。他以歌声发泄痛苦，但他没有倒下。

屡败屡战，从不倒下。

这是因为每次失败他都会总结经验。其中，一直支撑他不倒下的一条就是："不较劲，不跟自己较劲，也不跟别人较劲。"

要给失误留个余地，这个余地就是总结经验教训。给失误留下了余地，也就是给自己留下了一个余地，留下了一个东山再起的余地。

东山再起，承担责任的回报

雷曼兄弟集团邀请孙宏斌去美国总部参观时，说过一句话："我们要做的就是创造东山再起的故事。"

还能有谁比孙宏斌更懂得东山再起的故事呢？他可是连续演绎了好几次的啊。

他是怎样做到东山再起的呢？这一直是包括同行和外界在内的所有人都好奇的一点。

在一步步走近他后，我们发现，他之所以能够做到东山再起，最关键的就是“承担”和“责任”这两点所迸发出的力量。

从他带团队的那一天起，他就懂得这样的道理：“碰到难事，你一定要往一线冲，光躲在幕后指挥肯定不行，你要让所有人知道，碰到任何难事你都不会躲；要把成绩都归功于下属，把所有错误的责任都承担起来。不这样做，凭什么你是领导？”

这两点归纳起来，就是承担责任。

当联想那帮下属们冲动之下说出错话之时，他被软禁起来。此时，他完全可以为自己辩解清白，也可以逃出去，然后去和管理层澄明一切真相，但他没有。他选择了承担，因为他觉得这些下属们虽然是冲动，但没有把他们教好，是自己的责任，作为他们的上司，他必须承担这份责任。

当顺驰失败时，他明知道造成这个错误的原因，是下面分公司的某些员工滥用职权，虚报回款金额，导致整个集团的资金链出现问题。他完全可以一步步查下去，并追责，但他没有。他只是默默地卖掉公司，然后总结教训，并进行自我反省。

然而，这样的承担是有回报的。

他承担了联想下属们的错误所带来的责任，回报是，在他创业初期，就得到了联想的支持，柳传志更是倾力相助。也正是这份帮助，让他在天津站稳了脚步，获得了发展。

后来，贝恩资本和德意志银行投资他时，对他的过往做了详细调查后，也对他的这份担当给予了最大的肯定。所以，承担，是有回报的。

而他承担顺驰失败的责任，所带来的回报，就更加不可估量。

在此之前，他是一个做事充满激情的人，想到什么就会马上去做，而且放权非常彻底。这也是他一直被冠以“激进”帽子的原因，也是导致他失败的原因之一。

但经历这次失败后，他总结经验，变得稳健和理性了很多。在接下来的事业中，他更踏实更从容，也更谨慎小心。

责任，是判断力的根源。他把同样在扩张的融创规模缩小，给融创设立管理红线，买地时不再全部放权，而是要一层层把关，这样就能确保每一个项目都在公司和他的掌控之内。掌控了公司，也就掌控了风险。

一个好的领导，也会把担当和责任传给团队和下属的成员，这一点孙宏斌深有体会。在 2012 年的年会结束后，他感慨道：“昨天集团本部年会，感觉到大家对 2011 迎风绽放的喜悦和对 2012 的笃定，感觉到了集团本部的日渐成熟：方向感和明确的目标；聚焦重要事情；敢于承担责任；敢于付出和努力。”

孙宏斌有了敢于承担责任的精神，才会有融创的今天。事实上，创业者都有这样的敢于担当的精神，所以才能有所成就。

4. 再做地王，理性和激情并在

选择，谱写中国楼面单价纪录

前文说过，孙宏斌为融创集团公司和员工们设定了一条红线。这导致很多中意的地块都不得不擦肩而过，但这也并不意味着融创就不会再拿优质好地了。

在 2013 年的 9 月 4 号，北京融创恒基地产有限公司就以 21 亿元的高价夺得北京农展馆的一块地。

当时，有八家房地开发公司参与竞拍，但很多公司都在持观望态度，并没有计划竞拍得到这块地，这其中包括房地产大佬万科。

之所以很多公司都在持观望态度，主要有两个原因。

一是农展馆地块位于北京市朝阳区农展馆北路 8 号，土地总面积约为 2.82 公顷，建筑用地面积约为 2.52 公顷，但需要竞建异地医院面积 27.8 万平方米，这医院面积的投资是 8000 元 / 平方米。本身这块地因为位于朝阳区公园旁边，周围有北京四季世家、宫廷九号等高端住宅区和蓝色港湾等成熟商业区，地价就已经不菲，现在又加上医院的投资，楼面面积成本低不了。

二是因为当时的政策浮动，对房地产业有很大的影响，所以很多房地产开发商都持张望态度。在这样的情况下，孙宏斌却没有丝毫犹豫，当场以 21 亿元的高价拿到了这块地。

这个价格一出，引起全场哗然。有人当场算出了楼面的成本价格，将会高达 7.3 万 / 平方米。这样的话，就谱写了中国楼面单价的最高纪录，也开创了历史上的“地王”新纪录。

但是，面对喧嚣，孙宏斌却一直都很淡然。他说：“北京农展馆的地，7 万元拿不贵，要是开 10 万元的话，一定是日光盘，卖到 15 万元很容易。在现场举牌的有 4 家超过 7 万元，说明大家对这个价格没有分歧，我不拿，别人拿了也会是这个价。”

“今天融创拿了农展馆地块，很多朋友问理由：一是这地是北京的绝版地块；二是价格在我们的预期内；三是我们有能力把它做成北京甚至全国最好的项目，不辜负它的绝代风华。”

话虽然这样说，但依然有很多人为他捏了一把汗，其中就有万科的王石。这位房地产的大佬隔空对孙宏斌喊话说：“精明的李嘉诚先生在卖北京、上海的物业，这是一个信号，小心了！”

孙宏斌对王石的提醒很感恩，同时他也表达了自己的看法："一是我对王总的判断和判断依据很惊讶；二是对市场的判断有分歧很正常，我们继续看好北京、上海，尤其是北京、上海的稀缺地块；三是感谢王总的提醒，我们会以如履薄冰、如临深渊的态度对待风险。"

孙宏斌这话可不是随便说说的，要知道，融创集团有非常严格的拿地流程把控，一直要求毛利率不能低于30%，净利率不能低于15%。而且这么高的价格拿地，公司自然也早就做好了负债风险的把控。

"风险是综合的事，不能都落在负债率上。在房地产行业里，现金流是由三部分组成的，一部分是销售回款，占比最高；一部分是应付土地款或者应付工程款；一部分是你借的钱，所以负债率只是一部分。当你房子卖得不好的时候，即使你的负债是零，你也会出问题。"孙宏斌说。

在做好负债风险把控的基础上，再来做拿地的战略选择。孙宏斌说："我们很多地选择不参与，很多地选择放弃。"但也会有很多地选择拿下。

"其实战略就是选择，人生就是选择。选择，要坚决；舍弃，更要坚决。唯如此，才可能做成点事。"孙宏斌说。

不是激进，是理性和激情并存

当融创拿下北京的农展馆地块时，各种议论的声音都有，其中有一部分人还说“激进”的孙宏斌又回来了。

这种声音在半个月后更加响亮。原来，在2013年9月18日的这天，融创又以103亿元的高价拿下了天津的天拖地块。

连续出手拿下“地王”，这让人们仿佛又看到了十年前的顺驰。那时的顺驰，在短短的几个月里，不断地用高价拿下各个城市的地块。当时的顺驰就像是一个身披盔甲、手持长矛的武士，所到之处，无所披靡。现在的融创也是那样，不管价格高低，誓以拿到地块为己任。

这块地的挂牌起价本身就很高，为91.8亿元，为天津市的单幅地块挂牌最高价，比之前一直位居单幅地块挂牌价最高纪录为58.48亿元的价格要高出小一倍呢。

在几番竞拍之后，当融创报出103.2亿元的竞价时，其他房地产商纷纷放下了手里的竞价牌。就这样，融创再次在收购地王的榜单上写下了浓墨重彩的一笔。

但这次购买，人们除了议论孙宏斌又“激进”了，其他的便是对市场的不看好。因为这次购地总价实在是太高了，融创倘若要达到正常的利润，市场销售价必须在一年里增长 50%，才有可能获利。否则的话，入市的风险非常大。同时，土地价格的上涨，会导致楼市失控，政府不会任由其这样发展下去，一定会加大调控力度，这样的话，入市的公司只怕都会死在里面了。

不过，融创却没有这么悲观，相反，他们的情绪很乐观，甚至还觉得自己拿地的价格非常合适。之所以会这样认为，是因为他们在前期调研过，发现这块地块的周边地块，价格要更贵一些。他们这块地只是因为面积大，所以显得价格高，事实上，完全在他们的预算之内。

听到外界关于“激进”的质疑，孙宏斌非常无奈，他没有想到，自己用了近十年才甩掉的“激进”的帽子，只是在购买了两块地后就又被扣在了头上。在 2013 年 10 月 18 日这天，孙宏斌在苏州面对来自全国的媒体感慨“其实我们并不激进”，希望能给“激进”正名。

既然不是激进，那是什么呢？

当后来，人们看到接下来融创集团的布局，才恍然明白，原来这是孙宏斌理性和激情并存的一个项目。

事实上，这块地的地理位置非常好，在孙宏斌和融创集团看来，这样稀缺的地块在天津几乎找不到，于是在得知政府要挂牌销售时，他们激情满怀，希望可以拿下这块地的开发权。

但这块地的价格之高、项目开发工作量之大，都已经超出融创的风险管控范围。他们需要理性地来看待这个项目，这时，孙宏斌和他的团队想到了平衡风险。

时下最火的平衡风险的做法，就是合作开发。

于是，融创集团选择了天津当地的天房集团。之所以选择天房集团，是因为它独特的身份，既是国有独资开发企业，又参与了天津市多项政府重点工程的投资建设。

有了这样一位合作伙伴，不但降低了在地块上承担的资金风险（只需支付50亿元的土地款），而且在与市政府的沟通方面也有了更便利的条件。

这样的理性操作，让融创在拿天拖地块时毫不犹豫，并且在拿地后非常从容地回答媒体："我们的销售链和现金流没有任何问题，足以支撑公司拿地。"

第七章　登上人生巅峰的大赢家

我常被贴上枭雄的标签，也有人安慰说你挺英雄的，我不是枭雄也不是英雄，只是一个做事激情、失败了认、重新再来的性情男人，像动物一样，胜利了庆祝，失败了舔伤。我以为英雄是对谁都好，枭雄只对自己的女人好；英雄是谁都说他好，枭雄是只有自己的人说他好。可干嘛要对谁都好，干嘛要让谁都说好呢？

——孙宏斌

1. 联姻绿城，向行内标杆靠拢

结缘，两个理想主义者的碰撞

在中国，说起创建房地产界的高端精品，就不能绕开绿城。

绿城的董事长名叫宋卫平，这是一个比孙宏斌大六岁的浙江人。虽然宋卫平比孙宏斌大六岁，但他们却有着很多的共同点。关于他们之间的共同点，孙宏斌是这样描述的："都是有血性的性情中人，每次喝酒都喝多；都有理想主义情怀，为理想宁可头破血流；都怀有英雄的浪漫主义，这种浪漫代价大、销魂、刻骨铭心。"

其实，孙宏斌还有三点没有说出来：他们两个都是 1994 年进入房地产行业的；而且入行的时候都是身无分文、借钱起家的；还有就是他们都走的是高端精品路线。

有了这么多的相似点，孙宏斌和宋卫平有交集，是迟早的事情。但这一天，一直等到 2011 年 11 月份才姗姗而来。

孙宏斌是很早就想结识宋卫平的，且不说别的，只说绿城的高品质产品、管理和服务，就足以让一心想要走高端精品路线的孙宏斌为之折服。还记得他曾经说过做高端精品的四个关键点，其中就有两条提到绿城和宋卫平：

“精品未必是高端的，但高端必须是精品。做精品的确需要体系、能力、经验等，但做精品的态度更重要，精工细做、精挑细选、慢工出细活、匠心等等都是需要企业长期坚持的态度，尤其是领导人的态度。态度最难学难有，宋卫平是房地产企业领导人做精品的榜样。”

“再高端再精品的房子也是用来住的，高品质的服务让住成为享受。高品质的服务也才能让房子升值。高品质的服务是高端精品的归宿和灵魂。绿城的物业管理，绿城的园区服务体系，龙湖的物业管理，仁恒的物业管理，都是我们学习的榜样，我们也在努力。”

一直被外界称之为“狼性”男人、敢连续多次挑战房地产业界大佬王石的孙宏斌，是多少房地产界的人崇拜和学习的对象。然而，让人没有想到的是，在这个行业也有让他尊为榜样的人，而这个人就是宋卫平。

其实，早在 2007 年，孙宏斌就和宋卫平有过交流。当时是在北京，处于顺驰被卖低谷中的孙宏斌看上了绿城的北京御园，有心想要购买一套，但却因外籍身份而作罢。恰好那时宋卫平在北京御园视察，听说孙宏斌在，便赶来鼓励他，两个人略作交谈，便各自忙去了，算不得结缘。

真正结缘，是2011年11月1日。无锡的绿城蠡湖香樟园开盘，孙宏斌正好在无锡，对绿城产业一直倾心的孙宏斌当即买了一套。孙宏斌自己就是盖房的，在无锡也有融创的项目，他为什么还要去购买绿城的房子呢？这让外界的人很困惑。

孙宏斌后来解释道："一是因为价格合适；二是表示对绿城的支持。"

人们恍然大悟，价格合适只是一个幌子罢了，孙宏斌真正想要表示的是对绿城、对宋卫平的支持。

两个有诸多相同点的理想主义者，就此结下了缘。

联姻，支持背后的双赢

孙宏斌为什么说要支持宋卫平、支持绿城呢？

原来，2011年的绿城，就像2004年的顺驰一样，在疯狂购地之后，出现了资金链断裂的危机。虽然现金流并未真正崩溃，但互联网上各种针对绿城破产的消息不绝于耳，"银监会调查绿城""绿城将从香港退市""绿城已经申请破产"等等传闻让人看得眼花缭乱。

也就在那天，宋卫平写了一篇文章给予回应："企业左右不了市场，正如人力不能真正战胜天命。对于企业来说，命运只有两个字，生、死。无他。我们所能探讨的，是在目前的市场条件下，如何找出一条活路，穿越寒冬。”

倘若说之前的传闻让人人心惶惶、不知真假的话，这篇文章就让人感受到英雄末路的悲壮和无奈。

原来坊间的传说都是真的！难怪孙宏斌会在此时站出来购买绿城的房屋。他是在用自己的实际行动支持宋卫平和绿城呢。

经历过顺驰被卖之痛的孙宏斌，最懂此时的宋卫平的心。他安慰宋卫平说：“很喜欢绿城的杭州四季酒店。老宋陪我参观，穿越连廊时老宋蹲下来，摸着廊柱说，再往外挪十厘米，就压在两块砖中间了，好看，两个人也可以并肩走了。这就是我支持绿城的主要原因：对产品的态度。你可以学习，可以买材料买技术，但很难学到买来对产品执着的态度。绿城肯定没问题，渡过难关的绿城会更优秀。”

随后，孙宏斌更是在微博上坚定地表态：“绿城的产品是公认的好，绿城做人也非常厚道。”

过了一些天，他和宋卫平在一起，他夸赞宋卫平厚道。宋卫平点头说：“正因为厚道，才可以对大家严格要求。我脾气也不好，不时发火，越是离我近的人越容易挨骂，而且也总骂的不对。但因为厚道，大家愿意跟你干，态度不好，说的不对，大家也不跟你计较。不管你是什么性格什么秉性，厚道是大家都喜欢的品质。”

宋卫平在这一刻，认定了这个同行业的朋友。他觉得自己想到的、遇到的都没有人能理解，但现在有这样的同行，如此真实地还原了自己，他不由得感觉非常开心。从那时起，宋卫平将孙宏斌看成了可以托付的人。

于是，在两个月后，也就是 2012 年 1 月 5 日，宋卫平将绿城·香樟园项目公司的 51% 控股权，以 5100 万元人民币的价格卖给了孙宏斌的融创。

事实上，这不只是一次简单的交易，而是一个双赢的局面。之所以这样说，是因为融创公司里想要学习绿城的高端精品的方法，孙宏斌坚信和绿城的合作，能对融创打造高端精品、提高产品品质和服务品质，有很大的帮助和提升。

而绿城的需求最直接，它需要有人购买股权，以帮助它渡过难关。

这次简单的股权交易，正好完成了这两点。所以说，是双赢。

后来，孙宏斌发微博做了总结，他说："融创和绿城的合作，媒体朋友用了援手、施救、施援、力挺等词，不准确。的确，人与人之间需要志同道合才能走在一起，需要相近的理念和价值观才能合作，寒冬中也需要抱团取暖。但是它本质上还是一桩生意，既是生意，双方就有各自的立场和利益，这也是谈的过程中有反复的原因。既是生意，双赢是基础也是必需的。"

2. 融绿问世，挺进上海的钥匙

融绿，合作精神的结晶

既然是双赢，那么就是生意。生意讲究的是合作精神。

只是性格和经历相似，还不足以支撑起两个人做共同的生意。之所以能够合作，就是因为相互有合作的精神。

在孙宏斌看来，合作精神分四点："一是合作一定要双赢，一方合适的合作长不了；二是合作一定要算大账不算小账，大小账一起算算不清；三是不管多大的问题全放桌面上直接说，一定能解决；四是求同存异，两口子也不能全一致。"

就这样，融创和绿城在求同存异的路上往前走着，而孙宏斌也让宋卫平更全面真实地看到了自己。认定是朋友，便支持下去永不后悔。孙宏斌一直在帮绿城说好话，无论是在投资者面前，还是在客户面前，他都毫不吝啬于对绿城的赞美，以及对绿城所持的信心。

此时的融创，已经是一家上市公司，并在各地做出了高端精品项目。在媒体和大众眼里，孙宏斌已经从一个“激进”的人转变成了一个“稳健”的人，因此他的推荐很多人都选择相信。相信他，也就是对绿城的信心在回归。

孙宏斌为绿城所做的一切，宋卫平都看在眼里。同样作为性情中人的他，被孙宏斌的仗义感动了，他说：“在最近半年里面，我一直在老老实实地向孙总学习。比如说他教过我，要卖项目，不能往差的卖了，要往最好的卖了。这个时候既然想明白了，要求生存，卖出去的东西必须是好的，这个让我印象非常深刻。”

当两个志趣相同的人走到一起，自然是情投意合。在两个人都遵循的合作精神的前提下，融创和绿城的“孩子”诞生了。

2012 年 6 月 22 日，融创和绿城联合发布公告：双方共同组建上海融创绿城控股有限公司，后来这个公司被简称为融绿平台。在这个公司里，有包括绿城旗下分布在上海、苏州、无锡、常州、天津等五座城市九个项目 50% 的股权。

融绿平台的创建，让融创和房地产行业的标杆并肩站在了一起，这为融创做高端精品地产带来无法估量的品牌效应。因为这九个项目中的其中八个都归融创负责，所以有人担心融创会把绿城的牌子改成融创的。

孙宏斌回答说：“肯定不会换。谁能和绿城这个品牌相比。肯定不换，除非绿城逼着我们换。”简单的一句话，却让人看到孙宏斌对绿城品牌的无限好感。

但他的董事却不这样想，当他和宋卫平仅用一个月就谈妥创建融绿平台的事情时，融创董事局的董事们急了。融创内部的很多员工也都不看好这次收购，这些人大多都是顺驰的老将，顺驰的失败和卖后的重重问题仿佛是昨天的事情，还历历在目，一想起来就让他们心痛。现在董事长竟然还要去收购与顺驰的问题如出一辙的绿城股权，这不是要往火坑里跳吗？难道还想再承受一次滑铁卢的失败滋味？

外界同样也都是这样质疑的声音。同时，外界还有另外一些声音：“他孙宏斌不停地声援绿城，其实是为了往融创身上贴金，毕竟他们都是做高端精品房产的公司。”；“看着孙宏斌挺理想主义的，原来还是这么精明啊！真是想不到。”

此时的孙宏斌，要与绿城合作，就要承受来自内外各方面的质疑和反对，可想而知他的压力有多大。自从顺驰以后，孙宏斌做什么决定都会听取管理层其他董事的意见和建议，然后再做定夺。但这次他没有，他要顶着压力上。

同样，宋卫平的压力也不小。事实上，绿城此时还有一个大股东，就是九龙仓。作为绿城的第二大股东，九龙仓一开始并不同意将股权卖给融创，还是宋卫平极力说服九龙仓，这才让这次交易得以顺利进行。

就这样，在双方都承受着来自四面八方的压力的情况下，融绿平台问世了。

不是求生，是惺惺相惜

很多人都说，是孙宏斌的购买股权，挽救了绿城和宋卫平。但真相并非如此。

在孙宏斌购买绿城房产的时候，绿城正与九龙仓洽谈融资的事情。从 2011 年 12 月到 2012 年 6 月，也就是截至融创购买绿城的股权时，九龙仓已经通过多种合作形式先后向绿城输入 100 亿元左右的人民币。绿城的现金流已经不是问题。

既然难题已经解除，为什么宋卫平还要将股权转让给孙宏斌呢？他并不是没有其他合作者，龙湖、复星、九龙仓等，都是与绿城有交往的房地产大佬，他们任何一个人出手，都能做到这一点。

这让所有人都百思不得其解。后来，宋卫平在媒体的追问下回答了这个问题。

他说：“(第二大股东)九龙仓的本土化程度不高，他们过去没有、现在没有、将来也没有操作绿城的想法。与融创的合作是 1+1 大于 3。融创在苏州的桃花源是中国最好的房子，已经超越了绿城所打造的同类的其他项目，我们既是合作伙伴，又是朋友加兄弟，有信任在。所以绿城选择融创，选择孙宏斌。他们的激情和效率是绿城很好的依托。我跟其他房企不熟，他们也不一定喜欢我，所以和融创的合作是顺其自然的。”

惺惺相惜，是相互的一种知遇、一种理解。宋卫平将孙宏斌视为值得深交的朋友。孙宏斌又何尝不是如此，很多朋友得知他和身陷困境的绿城合作，纷纷致电给他，表示对他的担忧，都是害怕他被拖累，再次跌进现金流的深渊。

孙宏斌非常严肃地告诉朋友，绿城有自己独特的优势，不会倒下，更不会牵连融创。相反，它还教会融创怎样打造出有品味的高端精品来。

孙宏斌之所以这样笃定，是因为他不但对绿城的产品品质非常看好，更对绿城董事长宋卫平有着近乎狂热的崇拜。

不得不承认，能够在中国打造最高品质的房地产业，宋卫平有他的独到之处，无论是经营公司，还是管理人才，他都有其他房地产大佬们所没有的办法和手段。

绿城的团队，有着对完善品质的执着追求。曾经有媒体问宋卫平：“你觉得一个完善的人应该是什么样子？”

宋卫平回答：“没有‘完善的人’这个概念，只能是完善的工作者。比如说有专业的知识，有进取心、责任心，懂基本的流程和规范，善于沟通和替客户着想，乐于帮助他人，也愿意去维护团队的整体利益。但在高等教育和中专教育里面都没人给他们上过课，你也没上过这个课，对不对？绿城真正达到训练有素的人，大概就四分之一、五分之一，中间占里面多一点，仔细一看都是工作的业余水平，这很要命。你做的是世界一流的东西，蒙的吧！你肯定不是职业队的，离职业队还有相当大的差距，这是最要命的事情，所以必须要把公司变成一个学校，重新学、重新教、重新探索。只有人靠谱，才有服务的靠谱，这也是中国所有企业都碰到的问题，无法回避，非常残酷的问题。”宋卫平说的这些，也恰好是融创需要的东西。想要做世界一流的产品，就要有世界一流的工作者，这是孙宏斌一直想要做到的事情。

在业界，最让人津津乐道的还有宋卫平招聘员工时，出了一道《论语》里面的题。问其原因，他说：“对，每个团队成员和合作伙伴里面，最重要的事就是基本的价值体系，它的内核部分都要有相同或者相通的地方。就是每个人做事情的时候，各个层面里不同价值的需求要协调。有的人简单一点，养家糊口，有的人可能有一些利他之心，我要搞清楚每个人基本的境界，所以出这道题目。可以看看每个人的内心深处。我总是希望跟那些有点志向、愿意通过自己哪怕是点点滴滴微不足道的工作来推动这个世界变得好一点的人一起共事。其实聪明的人赚钱还是比较容易一些，懂道理，所谓有情商或者有同理心，这些人哪怕没有其他经验，但接受能力会比较强。”

这是典型的理想主义者的思想了，对于唯利是图的商人来说，有几个能想到这些。但这恰好符合孙宏斌的想法，所以他一直尊称宋卫平为宋大哥，是因为宋卫平那里有太多值得他学习的东西。

这次合作，不只是宋卫平对孙宏斌的惺惺相惜，其实也是孙宏斌对宋卫平的惺惺相惜。

3. 入主绿城，依仗十足的狼性

挺进上海，就是最大的胜利

外界都质疑融绿平台的风险，但孙宏斌却自有判断。

都知道，融绿平台中有 9 个项目，分别在天津、常州、上海、无锡、苏州这五座城市。对于融创来说，天津是大本营，市场是他们的，这一点并没有什么特别。上海、苏州、无锡等城市的项目，对于融创集团来说才是最有价值的。

早在 2004 年，融创刚成立不久，就有想打进华东市场的想法，而且还付诸了行动。当时，恰好孙宏斌的另一个公司顺驰在苏州有一个凤凰城项目缺少资金，需要寻求合作伙伴，于是孙宏斌便将融创集团与顺驰合作，一起开发这个项目。这也是为融创挺进华东市场开路。

然而，政府的宏观调控，宛如一场大风暴，将顺驰这艘大船击翻在了商海里。融创在风雨飘摇中也摇摇欲坠，孙宏斌不得不将刚踏足华东市场、尚未踩出一个脚印的融创退出项目，也就是退出华东市场。

后来，孙宏斌对华东市场一直心有向往，却始终不得其门而入，只能望华东而兴叹了。而今，借着和绿城合作组建的融绿平台，仅用了 30 多亿元的人民币，融创就顺理成章地进入了华东地区，这让人不得不佩服孙宏斌成功的经商头脑。

作为一个商界奇才，孙宏斌有着卓越非凡的前瞻力，无论什么问题，他都看得特别透彻。他说："30 多亿元在上海你只够拿块地，让市场认可至少要等 3 年后，要立住脚还得 5 年、10 年。" 而现在，融创不需要去拿地，也不需要等三五年甚至十来年，融绿平台的建立，让融创集团一夜之间便挺进了上海市场。这对于融创集团来说，就是最大的胜利。

很快，人们就见识到融创打入华东市场的决心：2012 年 7 月 25 日，抢购到上海浦东新区唐镇宅地，耗资 16.44 亿元人民币；2012 年 9 月 13 日，抢购到上海浦东新区唐镇的另一块宅地，耗资 8.34 亿元人民币；2013 年 3 月 16 日，抢购到上海黄浦区商住地块，耗资 90.19 亿元人民币；2013 年 7 月 24 日，竞拍到上海虹口区提篮桥街道纯商办用地，耗资 10.44 亿元人民币；2014 年 3 月 20 日，抢购到上海宝山区顾村宅地，耗资 24 亿元人民币……

从融创与绿城合作创建融绿平台，在不到两年的时间里，融创就在上海购到了大量地块。这还不包括融创在常州、苏州、无锡等地做的投资。

显然，融创为了打入华东市场，已经积攒了太大的能量。融绿平台的创立，为这股能量的开发打开了一扇大门。从此，孙宏斌将在华东市场打造自己的房地产江山。

如果此时纵览融创的全部项目，就不难发现，在全国各大地区，都已经有了融创的身影。也就是说，拿下华东市场的融创，已经完成了全国布局。

当年顺驰一直想要把版图扩张到全国，孙宏斌完全以房地产人的思维去布局，采取的是房地产最常用的购地方式。但因为购地所耗资金太大，这样一来，就造成了现金流崩溃的后果，结果就是导致顺驰触礁翻船。

而这一次，孙宏斌换了一种思维模式，他以商人介入的方式，先挺进市场，立住脚跟后，再去布局。有了绿城这个高品质的合作伙伴，再加上平稳宽阔的融绿平台，融创的布局，顺理成章地成功了。

“不是通过合作的话，单纯靠拿地，基本上是不可能实现的目标。”孙宏斌曾经对媒体这样说。所以对孙宏斌、对融创来说，无论后来和绿城的合作是否以失败告终，但从合作的那一天起，孙宏斌和融创就已经赢了。因为对于他们来说，挺进上海，就是最大的胜利。

“狼性”，是一柄双刃剑

作为一家融创和绿城合作的公司,融绿平台集合了两家公司的优势。

两家公司的优势各不相同，绿城的优势是在精、细、慢的基础上保证高品质，融创的优势是在稳、准、快的基础上追求高品质。

为了保证高品质，绿城的董事长宋卫平一直坚守在华东这个市场上，直到绿城的高品质深入人心，这才慢慢向外发展。而且在发展的过程中，也是以做一个项目，就保证是一个高端品质楼盘，绝不盲目加快速度。

正是这种以慢求精的态度，让绿城成为中国房地产行业打造高端精品的标杆性企业。而这也是孙宏斌一直以来就为之倾慕的一点。

但这种模式显然并不符合以“狼性”著称的融创和孙宏斌。虽然从和绿城合作的那一天起，孙宏斌就表示，要学习绿城的规划设计精修方案、产品营造督导和园林服务体系等方式，但他也表示合作就是要发挥双方的优势，所以融创集团的“狼性”优势不会舍弃。

融创的“狼性”体现在稳、准、快上。被宋卫平赞誉为“项目操盘效率非常高，有锐气”。而这一点，恰好是绿城缺乏的。

绿城因为缺乏这一点优势，所以导致公司积压了大量的库存，这些库存面积大、总价高。更致命的是，在所有的库存中，有60%都在三四线城市，无论是地理位置还是价格，都很难销售出去。而这，也是导致绿城陷入资金链紧绷的原因之一。

自从与绿城合作后，融创也就把“狼性”企业文化注入融绿平台的管理理念中。为了帮助绿城去库存，以达到回款的目的，孙宏斌发出“该涨就涨、该降就降”的指令。并在各个项目中，都补充了销售负责人和项目经理。在这些销售负责人和项目经理的指导下，融创的团队成员也都是稳、准、快的高手，他们扛起去库存的大旗，拼了命地去销售打指标。

经过融创团队成员的努力，绿城的积压库存很快就被销售出去一大部分，为融绿平台回笼资金无数。

但稳、准、快的“狼性”并不是万能法宝，它也有副作用。

在当融绿平台降价销售库存时，同项目的前期业主们不干了。他们觉得自己高价购买的房产上当了，要求退款处理，这样的诉求让宋卫平很苦恼。

但副作用远远还不止这一点，稳、准、快的另一个副作用，就是品质无法做到精致细腻。绿城的品质为什么一直能够保证精致，主要原因就在“以慢求精”。慢工出细活，这是亘古不变的真理。快，好是好，但想要打造出精品，却很难。即使融创追求的是高端精品，比起一般的房地产产品来说，已经是很精致了，但与绿城的房产相比起来，还是有一定的差距。

虽然差距并不大，但会引起业主们的反感。在2011年的11月份，宋卫平就收到一位业主递交上来的公开信，信中说：“融创加盟无锡绿城的蠡湖香樟园，销售说：别紧张。玉兰花园不会卖给融创的。我们信了。玉兰花园和融创合作，销售说：没事的，融创只是来投资分钱的。我们信了。有业主担心品质下降，销售说：不会的，二期和一期是一样的标准。我们又信了。直到2012年的10月底，离交房还有两个月的时间，我们才发现，我们这些绿粉真的是太傻太天真了，玉兰二期已经不再是玉兰一期当初的模样。品质因此下降。现在的玉兰花园二期还是那个讲究品质、追求精致的绿城公司所做吗？”

很显然，狼性文化是一柄双刃剑，既能为孙宏斌带来高速运作的团队氛围，但也会留下隐患。

4. 续写传奇，登上人生的巅峰

是赌博，还是续写传奇

与绿城的合作，是孙宏斌传奇人生中浓墨重彩的一笔。因为这次合作，让孙宏斌打开了融创全国布局的大门，也让融创的资金成倍数增长和扩大。孙宏斌对这一点看得很清楚，因此，无论最后收购是否成功，孙宏斌始终都表示，与绿城的这次合作，对融创来说，是很好的一次经历。

但就是这样一笔让孙宏斌很看好的合作，却引来外界诸多的质疑声。很多人都表示，孙宏斌依然是当年那个激进的孙宏斌。激进，如果还要用另外一个词来诠释它的话，那就是赌博。

任何一个做事激进的人，都是在赌自己的运气。运气是多方面造就的，自己的决策、外部的政策，等等。一个房地产人的运气，就是政策和资金。

人们质疑孙宏斌之所以敢在经济萧条、宏观调控严格的时候，花巨资与一个陷入困境的公司合作，无非就是在赌自己的运气。而在这场交易里，人们猜测孙宏斌赌的是“政策反转，经济向好”，到那时，高端房地产自然就会迎来春天。

对于这些质疑声，孙宏斌只是淡然一笑，并不以为然。

他不辩解，但也绝不是像人们想的那样，用融创的发展去赌。就像他一直说的那样：“我不是激进的人。我也不会赌，我更不会被一块石头绊倒两次。”

显然，在这次的合作中，孙宏斌并没有像之前顺驰和联想那两次一样冲动，而是非常理性和冷静。

他不是赌，而是要续写传奇。他要把当初用顺驰来打造却未成功的传奇，在融创身上得以实现。

这个传奇包括三个部分：版图扩大、塑造品牌、销售第一。

版图扩大，是这个传奇里的基础。当年的顺驰就是栽倒在这上面，融创没有走顺驰的老路，而是先找到合作伙伴，然后才大刀阔斧地拿地块做项目。有了基石深厚的融绿平台，融创做起这一点顺理成章，很自然地就完成了扩大版图的工作。

接下来，他要塑造品牌。在和绿城合作之前，融创也一直走的是高端精品路线，但很多地方还存在不足，这一点孙宏斌很清楚。他知道融创还需要学习，所以他会买绿城的房子，会选择和绿城合作，都是为了能够在其中汲取一些经验。

绿城也不会让孙宏斌失望，誓做国际一流产品的宋卫平，每一句话都是最好的指导。孙宏斌感触最深的话，是曾经在上海融创绿城的杭州工作会议上，宋卫平说过的一番话："一是把产品品质做好是开发商天经地义的责任；二是绿城对产品品质和服务品质的要求永远是国际一流；三是绿城愿意和融创一起推动行业的精细化管控和进步。"

宋卫平的话让孙宏斌很受启示。这是绿城之所以成为行业内标杆品牌的原因，也是融创一直在追求的元素。在后来的日子里，融创的产品越来越精致高端，名气也越来越响亮。

当融创打造成了一流的高端品牌，销量自然也就上去了。因为在中国经济高速发展的今天，很多人已经跨入了巨富行列，他们对自己的居住环境要求越来越高。不怕你贵，只怕你不够上档次。一流的房地产满足了他们的需求，所以销售起来就很简单。成为行业第一，也就是水到渠成、轻而易举的事情了。

各取所需，再大也只是生意

2013 年 7 月 7 日这天，孙宏斌在微博上写下这样一段话："融创绿城合作一年，绿城品质得到坚持，规模扩大了一倍，上海比重大幅增加。起初很多朋友担心都有鲜明性格的两家公司在融合上会很困难，现在基本放心了。宋卫平在绿城半年会上点评说，这个合作双方都大气包容，发挥了双方的优势，做到了一加一等于三，是企业间合作不可复制的典范，应该写进商学院教材。”

显然，对于与绿城的合作，孙宏斌很努力，也很满意。他在公众场合表示：“融创和绿城的合作，让融创有了很大的提升，我们也一直坚持绿城的品质，想让这个品牌更好。”

而孙宏斌的努力，宋卫平也都看在眼里，并最终得到了认可。因此，在 2014 年 5 月份，宋卫平决定将绿城的股权出售给他，也就意味着将绿城托付给他。

外界猜测宋卫平出售绿城给孙宏斌，是因为他把孙宏斌视为兄弟。孙宏斌的销售能力和打造高端精品的决心，让他颇为青睐，所以才会做这样的决定。但这显然是低估了商海的风云多变。

宋卫平和孙宏斌一样，都是理想主义者，也是讲究义气之人。他们都心怀感恩，对在自己困难时提供帮助的人，他们会在心里感恩一生，一旦机会合适，就会想法回报。但他们也是商人，他们要从企业的角度出发、从员工的利益出发。

作为绿城的创始人兼董事长，宋卫平有自己的行事准则。对于出售绿城股权的原因，他说：“市场原因只占三成，七成原因则出于综合考量。”

宋卫平：“这是一个综合考量，比如说我跟寿总加起来 120 岁，总是要退休的，只有舍去才能得到。另外我心里面难免会有一种愤怒，就是谁让你们把这个行业和市场弄成这个样子的，真是不满意。比如说，我们拿地，我是非常反感那些傻乎乎的规定，什么地价不准超过150%，超过以后影响竞拍保障房的面积。这些人简直是猪脑子，我跟他们一直在沟通，中国有那么多猪脑子怎么回事？都是大学培养出来的，我非常不理解，这种地我永远不会去拿，我不愿意跟猪一起做事情，还都是名牌大学。不动脑子，就管自己的乌纱帽，这个官不当也罢。全国普遍如此，北京是如此，上海也如此，真的对这些所谓的知识分子干部失望。这是3岁小孩都知道的事，偏偏他们不知道，而且都是博士、硕士，你把那些领导的卡片拿出来，学位都比我高多了。不能为了乌纱帽来管理城市。城市里有不同的人群，需要不同的保障制度，好在这届政府没有出台这种政策。”

显然，宋卫平决定出售绿城股权，不只是兄弟之间的托付那么简单，他也有自己的考虑。

最后，因为两个公司的优势不同，在慢、细、精和稳、准、快之间，发生了不可调和的矛盾，最后导致这笔收购流产。这里面，完全就是双方站在商人的角度考虑的结果。

所以，归根结底，融创和绿城的合作，无论再大、再融洽，也只是一场生意。

知进退，合作失败也能登上人生巅峰

在融创和绿城合作之初，就有人预言，这是孙宏斌的第三个坎。第一个是联想任职期间的突变，第二个是顺驰时代的终结，第三个就是收购绿城。前两个坎，他都九死一生地站起来了，而且一次比一次好。这次收购，对于融创来说，也是一个不小的考量，倘若他能收购成功，那么融创的规模将扩大N多倍，他的事业也将攀上巅峰。

但让人没有想到的是，几个月后，收购意向就流产了。融创和绿城的合作也因收购意向流产而结束，也就是说，这次合作失败了。

外界一时间众说纷纭。有的说收购失败对于融创来说是个好事，因为这次收购对于融创来说有三个难点：一是收购价格过高；二是绿城积压了大量需要长时间消化的土地储备，而且这些储备都在三四线城市；三是人员整合困难重重。基于这三点，有分析师指出："虽然收购对于融创而言，在土地储备、每股净资产值以及盈利上有正面贡献，但收购整合的难度难以忽视。"

但也有一部分人说这次收购失败，会让融创损失大量的资金，之前所有的工作和努力，都成了"为他人做的嫁衣裳"。要知道，为了发展融绿平台的业务，孙宏斌将融创的精英团队都调度过来了，同时也对融创的发展有所忽略。这导致融创集团在2014年11月份的销售金额才有641亿元人民币，才完成销售目标650亿元人民币的98.6%。比起早早就完成销售目标的往年来说，融创的成绩不尽如人意。

业内人士分析，这一切，都是因为融创集团把主要精力都用在了融绿平台上。所以，有相当多的人为孙宏斌感到心疼。

而置身于这些言论中的孙宏斌，却一直保持着沉默。在参加绿城的最后一次会议上，孙宏斌的真情流露，让人们看到了一个知进退、懂取舍的成功男人。他的魅力，让人无法抗拒。

他的魅力体现在理性上。虽然合作失败了，但他并没有诋毁绿城，而是对绿城品牌给予了很高的评价。他说："我一直说绿城品牌是中国最好的品牌，在座的都很珍惜这个品牌。这次合作让融创有了很大的提升，我们也一直坚持绿城的品质，想让这个品牌更好。融绿在上海做到了第一，这恰恰说明我们坚持品质的成果。"

在这个向钱看齐的时代，商人大多变得唯利是图。合作，则将你高高捧起；分裂，则将你重重摔下；有那不解气的，还会落井下石。但孙宏斌没有这样做，无论是合作，还是结束合作，他都没有说过绿城一个"不"字。

即使是在努力付出之后，得到的是失败。他心里并不是不难过，但他依然豁达地说："我希望这段经历对融创、绿城，都是一段好的经历。天下的事有合有分，都说分家只有兄弟才会，陌生人不会。我希望接下来有更多的机会合作。"

好聚好散，这才是一个做大事的人所需要具备的本事。

孙宏斌正是具备了这个特点，所以才能在付出所有努力依然失败的时候豁达从容。他的知进退，并没有让这次流产的收购变成一次笑话，反而成了一个窗口，人们通过这个窗口，看到了一个真诚的、豁达的、智慧的孙宏斌。

人的成功有很多种。有的是资金积累很多，成为富豪，这算是一种人生巅峰；有的是事业做得很大，即使手里资金不多，也依然算是一种人生巅峰；还有的人虽然在事业上没有达到预期的效果，但用品德征服了人们的心，这也算是一种人生巅峰。

知进退，虽然合作失败，但孙宏斌用豁达和智慧征服了世人，他依然攀上了人生巅峰，受到了无数人的敬仰和膜拜。

第八章　激进扩张背后的侠义客

你成功了的时候，别急着总结经验，别把功劳全归自己，因为成功的原因可能不是因为你；你失败了的时候，别灰心别放弃，要深刻总结失败的教训，把经历变成财富；你听到别人批评或意见的时候，别对付，认真听，会对你有帮助的。这些可能就是自省。超越自己才能进步，超越自己很难，自省的人才能超越自己。

——孙宏斌

1. 狂飙再起，白武士的收购逻辑

撕下激进的标签，成为白武士

虽然收购绿城的计划流产了，但在房地产界，人们都很认同孙宏斌在绿城举步维艰的时候站出来帮该公司渡过难关的做法。尤其是后来，因为企业理念不同，而不得不分道扬镳的时候，孙宏斌没有开撕，而是豁达地选择了结束合作，这让人们都对他刮目相看。

以前的顺驰时代，孙宏斌因为大肆收购土地，引起资金链断裂，导致顺驰被收购，于是人们在背后喊他“激进”狂人。

但现在，经过绿城收购事件后，人们对他有很大的改观，很多人都觉得孙宏斌是一个理性的、豁达的男人。激进这个标签正慢慢地从他身上揭下来，取而代之的是“白武士”这个称号。

白武士，是商界的一种称号，特指向其他遇到难题的公司提供协助的公司、私人公司或个人。与之相对的是黑武士。在商界，黑武士是指那些一心想要做成大公司，为此出手狠辣、毫不留情的公司或个人。

在商界打拼的人都知道：黑武士多，白武士少。

而在这为数不多的白武士中，又分为两类：一种白武士是指向遭受第三方恶意收购的公司提出善意收购的公司或个人；另一种白武士是指向面临破产的垂死公司提出收购的公司或个人。

与前一种白武士有所不同的是，后一种白武士收购公司时，需要承受很高的风险，这是因为该公司严重负债，甚至可能已经破产。白武士收购就等于钱都跌进了无底洞。

在绿城资金链断裂时，孙宏斌伸出援手，收购了他的项目，并大力销售回笼资金帮助绿城渡过难关，这种属于后一种白武士。身在商界近二十年，孙宏斌比谁都清楚这些概念和概念背后的风险，但他依然选择了伸手相助。

他不是赌徒，他只是一个有着侠义心肠的房地产商。他之所以敢伸手相帮，也是因为他相信自己的能力，一定能够帮助绿城化险为夷，渡过难关。

并不是所有人都有这份魄力和担当的。所以在绿城有难的时候，明明很多人都有能力，却没有人伸出援手，只有融创挺身而出，做起了白武士。哪怕到最后取消合作，依然保持着白武士的气度，对自己曾经出手相帮最后却提出结束的对方，保持最大的敬意和爱慕。

这是融创的气度，更是白武士孙宏斌的气度。

当白武士孙宏斌伸出手帮助人时，很多人以小人之心度君子之腹，说他只是想以绿城为基石，完成自己的跳板。然而，后来融创努力地帮绿城销售项目、回拨款项，乃至于将自己的融创都忽略掉了。这下子，那些嚼舌根的人终于被打了脸。

不过，无论被不被外界认可，对于孙宏斌来说都不重要。他一直是那种专注做自己的事情的人。

一路向前，收购佳兆业

当然，褪去“白武士”的称号，孙宏斌还是一个商人。商人在商言商。

2015 年 2 月，香港春意融融，融创的董事会便在这暖暖的春意中召开了，刚从深圳佳兆业房地产公司回来的孙宏斌，主持了会议。

在会上，孙宏斌提出收购佳兆业的股权。一部分董事露出不解的神情，试想，距当年收购绿城的事情才刚过去两年，失败的经历仿佛还在昨天，怎么又要开始收购了？

董事问：“你们怎么又来了？”

孙宏斌的回答是：“不是我们又来了，是这事儿谈了几天就谈成了。

佳兆业的账可能永远算不清楚，但是做成的话就进了珠三角。绿城的账到现在还没算清楚，但是有一点，我们能进上海了。这是我们做这些事的逻辑。”

孙宏斌的收购逻辑就是这样的简单明了，直指问题的核心，而这也是孙宏斌的收购真相。进入上海，打开华东市场，已经让孙宏斌发现收购所带来的益处，要远远大于拿地做项目所带来的益处。

“去年我们基本上买地买得很少，看的很多地都觉得价格太高了。我们去年年中的时候是200多亿元现金，为什么年底还有那么多钱？是因为买不了地，去年北京、上海我们看了那么多地，一块没拿，后来拿的几块都不是通过公开拍来的，因为你要算账，算成本，拿地了你没法干。”

显然，仅仅只是拿地已经不能满足融创的发展和壮大了。而收购就不同了，在收购市场里面，能够用较小的资金去撬动巨额的销售，融创用30多亿元人民币撬动绿城价值300多亿元人民币的融绿平台项目，就是最好的案例。所以他在收购的路上坚持着一路向前。

当然，孙宏斌是一个勤于思考的人。他在收购获利的同时，也会思考对方为什么会陷入需要被收购的危机中？他通过对绿城、佳兆业的收购计划认识到：“房地产这个行业下一步会非常危险，高负债的时候稍微失常，就会发现真的转不动了，绿城和佳兆业都是这个情况。”

这个认识让他对自己经营融创有了更强的指导性。但他同时也意识到，在经济高速发展的时代，流动性出现问题的房地产公司会越来越多，相信这种收购的机会也会越来越多。

他常说："幸运就是抓住机会。机会总是会有的，每个人都会遇到一些机会。当然，不同行业企业阶段的机会是不一样的，这就是你为什么要选择行业选择企业的原因。只有有理想有追求、有激情有努力、不断进步成长、不断思考的人，当机会来临的时候才能抓住机会。问题不在于你有没有机会，而在于机会来的时候你准备好了没有。"

现在，他要做那个抓住机会的人。

他的分析头头是道，因此董事们并没有提出异议。但融创的执行董事兼执行总裁汪孟德提出了三点原则："第一，必须符合公司战略；第二，收购必须是一门好生意；第三，必须风险可控。"作为融创的执行总裁，汪孟德更在意拿地，他说："房地产企业负债基本上是用来买地，要保证企业安全，关键就是买对地。如果地的质量不高，就谈不上销售、谈不上周转、更谈不上利润。地买对了，流动性就会变好，就能保证充裕的现金流。"

不过，既然董事长说收购了佳兆业，也就打入了珠江三角洲，那就意味着融创的全国布局完成，那么，这未尝不是一件好事。关键是要减少融资成本和保证现金安全。只要做到这两点，那么就去收购好了。

不犯同一个错，慎重入驻佳兆业

让孙宏斌一心想要收购的佳兆业，是何方来路呢？

这是一家于1999年在深圳注册的房地产企业，一直以来都发展得很好。公司的创始人郭英成是一个比孙宏斌小六岁的男人，从公司建成以来，他就始终带领员工们兢兢业业地做，在第十个年头上，佳兆业公司在香港联交所上市，他把公司推上了国际资本的舞台。

公司上市后，也一直以稳健的势头发展着。郭英成于是计划将公司的战略拓展到全国范围，但就在这个过程中，公司的债务出现了问题，佳兆业陷入了困境。

一直关注收购市场的孙宏斌虽然没有收购成功绿城，却如一只猎豹潜伏在收购市场上。佳兆业的困境他看在眼里，而佳兆业又是珠江三角洲一个著名的房地产商，它能给融创打开珠三角的门户，于是孙宏斌决定做白武士，他向郭英成伸出了援助之手。仅仅几天时间，双方就谈妥了收购协议，于是就有了本文开头的那一幕。

和董事会的通气，让孙宏斌更加冷静地看待收购佳兆业这件事情。全盘收购肯定是不可能的，因为佳兆业是一个上市公司，想要购买佳兆业的股票超过30%，就需要启动强制要约程序，即对该上市公司的其他股东做出强制要约。但融创和佳兆业都希望避免要约收购，所以就需要想别的办法，才能让融创成为佳兆业的第一大股东。

别的办法就是购买 29% 的股权，其他的股权则通过转债增加。不过，转债会受到各种因素的影响，最后不一定能够顺利转为股权。不能保证成为第一大股东，孙宏斌就无法对董事会有控制权，那么想要收购佳兆业的意义就没有了。

孙宏斌虽然也可以帮助佳兆业持续借款，以化解佳兆业的债务危机。但那样的话，有可能让融创在倾尽全力后也未必能够挽救佳兆业。这样不理智的行为，现在的孙宏斌是不可能去做的，他可不想再犯当初收购绿城时的错误。

经过一番慎重的思虑后，孙宏斌决定实行项目收购，这样既能帮佳兆业解决资金危机，也能让融创避开一切风险而达到收购佳兆业的目的。

经过慎重的考量，融创和佳兆业达成了收购意向。虽然还没有完成收购的手续，但郭英成已经退出董事局，把公司交给了孙宏斌来打理。

目标明确的孙宏斌一上任，就大刀阔斧地进行裁员。他要将佳兆业的原班人马裁掉，取而代之的是当初从融绿平台撤回来的那些融创成员。这些干将半途从融绿撤回来，正磨掌霍霍准备大干一场呢。这让人不得不佩服孙宏斌缜密的思维和卓越的远见。

然而，收购手续尚未办完，债务也还未来得及重组，收购就被叫停了。原来，这个收购计划牵扯到佳兆业的海外投资者们的利益，所以受到他们的强烈反对。

2015 年 4 月 13 日，郭英成重返佳兆业公司，与之一起回来的还有佳兆业的原班人马。这就意味着，融创收购佳兆业的交易，再次以破裂告终。

在这次收购案里，有一个细节让人们再次见识到了孙宏斌的胸襟和度量。在 2015 年 2 月 1 日这天，融创集团宣布收购佳兆业公司项目，在这份项目协议中，有一条是“无条件与不可撤销”的承诺。这是融创在与绿城收购失败后，为了保障自己的收购权益，特意加上去的。

倘若其中任何一方撤销，都算是违约。佳兆业公司现在又要回来，显然已经违约了，孙宏斌完全可以拒绝郭英成的做法，抑或是可以向郭英成提出违约赔偿。然而，孙宏斌什么都没做，就同意了郭英成结束收购协议的做法，也没有提出违约赔偿的事情，只是挥挥手便离开了佳兆业。

后来，他提到此事时说：“我们知进退，在放弃上没有人比我们更决绝，比如 10 月份以后不在公开市场买地，等待并购机会，比如放弃绿城、佳兆业、雨润。”

知进退，才能懂得取舍。该争取时就争取，该放弃时就放弃。

这是一个成大事者的宣言！

2. 雪中送炭，为跨界做准备

高瞻远瞩，为 10 年后做规划

孙宏斌从绿城和佳兆业的收购案中抽身出来时，时间已经进入到了 2016 年。这时的世界，早已经是互联网的天下。无论是 SOHO 的潘石屹，还是万达的王健林，都在向轻资产转型的方向摸索。就连万科的王石，也从万科的办公室走了出去，一步迈进美国的校园很久了。

在房地产界驰骋纵横了二十多年的孙宏斌，一直的想法就是扩展版图，布局全国，将融创的脚印踩遍中国的各大城市。这些年，他都在为这个目标打拼着。

但此时，孙宏斌意识到，房地产行业不会是永生永世的产业。他归纳了一下房地产界的销售数据，发现 2015 年中国房地产界的市场销售额是 8 万亿元，到了 2016 年，销售量达到了 11.5 万亿元。为此，孙宏斌得出推断：今后 5 ~ 10 年内，销售额还会保持在 10 万亿元之内，中国的绝对主业依然是房地产业。只不过在 10 年以后呢，到那时房地产界没有太大的发展前途，融创又该怎么办？必须转型才能得到发展。

但，转型作甚呢？怎样转型呢？首先，肯定是非房地产业。其次，要是一个有发展潜力的产业。

为此，孙宏斌和融创集团的管理层们都绞尽脑汁想未来。后来，在媒体的采访下，他说了这段时间他心里的纠结。他说："地太贵了，所以 5 年到 10 年以后这个行业是有风险的。5 年到 10 年以后怎么样，谁也不好说。我们确实需要研究融创 5 年 10 年以后应该怎么办。我们一直在研究，为 5 年到 10 年以后做准备。

我们应该探索哪些行业呢？其实，我们是有非常准确的定义的：

第一，增量市场。增量互联网时代特别牛的市场，链家就是增量市场，我们投链家就是因为链家的房地产有巨大的增量市场，这是我们投资链家的逻辑。

第二，金融平台。我们看了很多的金融公司，我们也有金融公司在通道中，但为什么我们没有下手呢？就是因为太贵了，但金融平台也是我们要探索的一个方向。

第三，资源性行业。去年，我和孟德去看了很多诸如有色金属的矿、电解铝等很多资源性行业。

还有一部分，过去的衣食住行，现在就是消费升级的东西。消费升级的东西就是我们一直说的大娱乐，大娱乐就是文化体育娱乐。这是我们过去想好要投的事，大娱乐、大健康、增量市场、金融、资源性行业。

作为融创来说，我必须为5年以后10年以后做准备，在十年以后的话我想提供什么。当然，我买融创股票最好，但把现在的东西都卖完了以后把钱都分了，那也不可能。我得考虑以后，你考虑一个月、考虑一年，但我得考虑十年、考虑一百年，当然到那时我早死了，但是现在我得考虑。

融创的探索之旅：为什么是乐视？

从2017年7月，一直到9月，孙宏斌和乐视的新闻层出不穷。人们看到的是一个负债累累的公司，和一个为之日夜操劳的男人。尤其是9月1日这天，在融创中国业绩发布会上，孙宏斌因为乐视问题掩面而泣。

很多人都说，他是被贾跃亭坑了。然而，孙宏斌并不这样想，他一直夸贾跃亭是一个有前瞻性的企业家，只不过是因为在乐视出现问题时没有及时处理，缺少壮士断腕的果断，才导致乐视成了现在这个样子。

不过，孙宏斌表示，自己一定要把乐视做好。他说："在投资乐视之前，我这辈子已经没什么遗憾了。但在投资乐视之后，如果不把这个公司搞好，我这辈子就真的有遗憾了。"

那么，明知道乐视是一个烂摊子，孙宏斌在决定为融创将来转型铺路时，为什么还要选择乐视呢？

孙宏斌对这个问题有过详细的解释，2016年12月10日，孙宏斌和贾跃亭一见面，听了贾跃亭关于乐视的报告，孙宏斌的第一反应就是"这是个娱乐平台，就是我想投的大娱乐。"融创的战略方向之一，就是大娱乐、大健康、体育、文化、电视、电影，而这些都包括在乐视里面。所以，当贾跃亭提到融资时，孙宏斌才会说："不急，我们或许可以谈点别的。"

那时候，他就已经动了介入乐视的念头。但融创的投资逻辑是什么呢？

先要把融创房地产这个主业做好，然后为十年后做准备。

孙宏斌说："首先，房地产这个行业未来的5年到10年，我们是坚定看好的，我们会快速上涨，我们去年700个亿，今年1500个亿，等于翻了一番。这是我们的主业，我们必须把它做好。与此同时，我们要开始'为十年以后做准备'的这个探索之旅。我想，工作增量也好，金融平台也好，资源性也好，大文娱大健康也好，可能还加上汽车的，这是我们要看的几个行业。这就是我们的投资逻辑。"

很显然，虽然之前的几次收购都未能最终成功，但不得不承认，融创在与绿城的收购合作中尝到了甜头。这也给了孙宏斌一个启示：

那就是收购，远比自己从头开始要容易得多。而对互联网一片空白的融创来说，想要转型投资有发展潜力的互联网产业，最好的办法当然就是收购，不过，没有可收购的产业的话，投资也是不错的。

而乐视这个平台，包含了互联网产业中的各个板块，正好符合融创这样的大型转型企业。所以听说乐视在融资时，孙宏斌马上站了出来，他要选择乐视作为一个转型的出口。

后来，在他同时收购了万达和乐视的股权后，有很多人都表示不解。孙宏斌于是站出来为大家解惑，他说："总被问为什么要投资乐视合作万达，是因为我们坚信房地产业会稳定健康发展，消费升级的主力产业大文化、大旅游、大娱乐会爆发增长，是因为融创坚定看好中国经济的未来。近期我们会停缓发展，加速去化，降低负债率，确保健康安全。我们坚信，企业层面的去库存去杠杆和金融业的稳定发展，经济将迎来理性繁荣。"

3. 大刀阔斧，打造新乐视

投资 150 亿元，仔细调研后的决定

当 2017 年 1 月份，新闻报道说，孙宏斌拿出 150 亿元人民币投资乐视时，犹如一颗石子投进湖中，激起一层层涟漪。网友们对此议论纷纷：

有人说孙宏斌又要做白武士了，有人说孙宏斌收购上瘾晕头了，不过更多的人说，孙宏斌被贾跃亭骗了。因为乐视的债务太多，已经到了破产的边缘，孙宏斌投资 150 亿元进去，只怕连水花都不会溅一个就没了。

后一种言论虽然不好听，却隐含着人们对孙宏斌的关切和心疼。

孙宏斌是一个理性的商人，却也是一个感性的男人，他怎么会不懂网友们对他的心疼和关怀。为了让关心他的人放心，他把自己的调研行动都和盘托出。

从2016年12月与贾跃亭第一次接触后的第三天，孙宏斌就带领融创集团的团队，还有联想控股、泛海等集团的朋友，一起去往乐视做调研工作。之所以邀请联想控股和泛海集团的团队同行，是因为他们早在2015年就对乐视做了两个月的调研，并给乐视汽车做了投资。孙宏斌邀请他们帮忙，可见其慎重程度。

除此之外，孙宏斌还专门请来了审计师和律师。之所以请这么多朋友来一起调研，孙宏斌说："我们试图理解乐视是一个什么生意，什么叫生态，我们还试图理解它的战略和它的生意逻辑。另一个方面，我们需要看它的账。老贾介绍有非上市公司，他分为三块，这三块之间什么关系，资金哪一块儿挣钱，哪一块儿亏钱，哪一块儿资金怎么流的。"

很显然，对于孙宏斌来说，乐视有可能作为融创以后要转型的平台，所以容不得有任何闪失和马虎。为此，他和调研小组一直待在乐视，就连2017年的三天元旦假期，大家都没有休息，始终坚持在乐视上班。

在这个过程中，孙宏斌看到了乐视资金的来源和去向，这是困扰乐视并最终拖垮贾跃亭的问题。孙宏斌知道现金流对一个企业的重要性，所以他在了解过程中详细关注了这一点，请来审计师也是为了把这个问题搞明白。经过审计师对一些财务的核对，孙宏斌也弄清楚了乐视哪些项目挣钱，哪些项目亏钱。后来孙宏斌笑说，在这一点上，自己只怕比贾跃亭本人还要清楚呢！

在经过一个多月的详细调研后，孙宏斌基本上把乐视的账目和战略都熟络于胸。他也和融创的管理团队开了一个长达十五六个小时的会议，大家决定一致通过这个项目。于是，孙宏斌这才向乐视投资了150亿元人民币。

一直以来，孙宏斌对融创的战略规划要求就是“均衡、安全、从容”。资金要安全，这一点非常重要。尤其是在为将来的融创寻找转型之路上，更要安全。还有就是从容，急不得，所以在别的收购项目中，孙宏斌也许只是几天时间就做决定，但在投资乐视之前，他用了一个多月的时间来做详细调研。显然，他在往前走的路上，一直保持着理性。

拨乱反正，掌舵乐视新启航

从7月站出来扛起乐视这个烂摊子开始，孙宏斌就全心全意扑在乐视里面。为乐视做投资计划，为乐视做新的规划，等等。

乐视这个烂摊子，比他想象的要严重很多，而且还有新闻曝出，贾跃亭在乐视债务缠身的情况下，还在美国买豪宅。一时间激起群愤，很多债权人都指责贾跃亭的做法。但投资最大最多的孙宏斌却没有这样指责贾跃亭，他甚至还非常理解贾跃亭的做法：“他卖了100亿股票，所以买套房子也是应该的。那些钱是他的，所以他拿走也是天经地义的事情。”

只不过，他也为贾跃亭的做法表示遗憾，因为“贾跃亭曾经许诺过的事情并没有兑现，损害了他自己的信用。”孙宏斌是一名在商海中大起大落好几次的人，他知道对商人来说，信用是很重要的东西。失去了信用，就等于公司信誉破产，那比公司遭遇现金流截断还要可怕。要知道，公司债务太多，还可以忍忍，坚持到经济复苏的那一天，但如果是信誉破产，公司就会失去市场，那便是死路一条。

接下来是孙宏斌成为乐视董事长的日子。作为一个做事追求高效率、高质量的人，孙宏斌要对乐视进行大刀阔斧的修改和调整。有用的留下，无用的剪掉。

其实，早在1月份孙宏斌给乐视投资150亿元人民币时，就劝过贾跃亭“乐视非上市体系的部分，该卖的卖，该合作的合作。如果想活，就一定得断臂求生。”

但贾跃亭不但做不到断臂求生，就连一根羽毛他都舍不得丢掉。在5月份时，眼看乐视一天天没落，就连融创的融资都逐渐被消耗掉，但这位一心想要成大事的人，却依然固执地认为，自己竭尽全力一定能将乐视的局面扭转过来，因此在5月份的乐视网媒体沟通会上，贾跃亭还信心满满地说：“乐视的七个子生态，一个都不能少。”

这种固执在一帆风顺的时候，是个好事，能让企业发展壮大。但在不顺的时候，却是一件很糟糕的事情，它会拖累整个企业。很不幸，乐视就是后一种状况。

而且更糟糕的事情还在后面。因为资产的问题，乐视网的股票被连续冻结了八次，这让乐视生存状态更加险恶。与此同时，大批乐视非上市体系的债主们也集体冲击乐视集团的会议厅大门，以此激烈的态度来讨债。一时间，乐视陷入了来自四面八方的危机之中。

孙宏斌就是在这样的局面之下走马上任乐视集团的董事长的。他那句“总要有人站出来”掷地有声，让所有乐视的债主们都松了一口气。因为人们都知道这个传奇男人有起死回生的能力。

孙宏斌没有让人们失望，一上台，他就对乐视进行了大刀阔斧的改革。

首先，重新调整高管分工。让刘淑青担任乐视网高级副总裁，财务、法务、行政、风控等方面的事务她都要管；梁军则负责产品和营销等事务。

其次，进行商业模式转换。孙宏斌说：“我们现在把这个商业模式改变了，乐视有了全新的商业模式。新乐视包括上市公司、乐视影业、乐视致新、乐视云，这个新乐视体系我相信将来一定会干好。”

“新乐视一定是有价值的。第一，乐视的互联网电视是行业第一；第二，这帮高管都是业内很牛的人；再一个，他们重视产品的极致化。至少，我们是有基础的。比如花儿影视，拍出过很多优质电视剧。我们后退一步，不与竞品比平台，与竞品比拼内容。当内容足够好的情况下，也就不需要平台了。”对这种改革，孙宏斌充满了信心。

接下来，就要看经过孙宏斌拨乱反正后的新乐视的发展成效了。

4. 知天命年，战士才刚刚出征

成熟的人，就是学会接受现实的人

在乐视网的大会上，孙宏斌说：“在接手乐视之前，此生我已经没有什么可遗憾的事情了。但在接手乐视之后，我就在想，一定要将乐视做好。否则会是我一生的遗憾。”

这就意味着，这个一直在书写传奇的男人，像一个将盔甲再次披在身上、准备出征的将军。而此时的他，已经54岁。古话说，五十而知天命。而孙宏斌却在知天命年，让生命重新扬帆起航，去开拓一片新的天地。

与1994年创建顺驰相比起来，乐视的困难更大，孙宏斌遇到的挑战也会更多。毕竟顺驰那时候是白手起家，即使没有成功，大不了就是退回到从前一无所有的日子。但这次不同，这次可是投资了几百个亿的资金在里面，这关系着所有融创股东的利益，还有乐视那么多员工的工作，这也意味着孙宏斌肩负着非常重要的责任。

不过，此时的孙宏斌，和二十多年前的他自然也是不能相提并论的。那时的他年轻，也没有太多经验，而现在的他经过无数次的大起大落后，早已修炼得沉稳和成熟。

而成熟是什么？“成熟是做事成功和日子过得幸福最重要的素质；成熟是做人做事努力，不论眼前有没有被认可和回报；成熟是能够替别人设身处地着想，不光是自己合适就成；成熟是谁都愿意和你共事，谁和你相处都很舒服；成熟是朝着你认定的方向和目标努力，不管有多少困难，也不管别人说什么……成熟需要经历，需要磨炼和磨难。”

成熟的人也是学会接受现实的人。“面对现实是做人做企业的基本要求。当我们说面对现实的时候，我们其实是说面对困难；面对残酷现实，是说当你遇到难事，在逆境中不避、不躲、不做缩头乌龟，要么想办法解决，要么坦然接受失败从头再来。在这个过程中你就进步了、成熟了，因为困难和逆境可以让你释放你的无限潜能。”

“面对现实说起来容易做起来很难。”乐视未来的路不好走，选择乐视的孙宏斌未来的路也很艰难，他也早就认识到了这一点。

认识到这一点，就已经成功了一步。

1000 亿算什么，我的目标是 3000 亿

并购万达，接盘乐视，这两件事情将孙宏斌推向了 2017 年媒体舆论的风口浪尖上。

在乐视的问题上，很多人都认为，孙宏斌被贾跃亭这位老乡坑了。

然而，如果回头看一下 2016 年《中国不动产金融年会》上孙宏斌发表的一个内部演讲，就会明白，这个男子并没有失去理智。他这样做，自有他的策略和逻辑。在前行的路上，他一直保持着清醒的头脑。

下面，就让我们看一看这个演讲稿的全部内容。在演讲稿里面，孙宏斌着重提到了三点：

（1）对中国宏观经济形势的判断，融创的定位。

流动性宽松，利率很低，会改变吗？专家总是分析拐点。什么叫拐点？没有拐点。因为你没有办法。如果说有变化的话，那可能是M2原来的增长是13%，变成12%或者11%，不可能变成不增长。所以你担心什么？13%变成12%、11%对企业没有什么影响。

利率会涨吗？美国肯定是要加息的，共和党本来是要加利率的，特朗普要修路、修桥、要减税，这两点对通胀有预期，所以美国加息可能会快一点。但是美国加息中国就加息吗？不太可能的。所以第二个判断就是：流动性很多，还要继续印钱，利率很低，这个是不会变的。

去杠杆、去产能、去库存。去产能和去库存相对容易些，但是去杠杆挺难的。因为差的企业，要想让它活着，就要借他钱，让他还利息，你不借他钱，还不了利息。好的企业，银行想借他钱，所以杠杆肯定是要加的。如果说结构性改革成功了，坏企业都死了，好企业银行更想给钱了，然后杠杆就更高了。

在经济下行压力大的时候，有很多并购的机会。谁能借更多的钱、更便宜的钱、更长的钱，可以穿越周期的钱，就有很大的优势。如果有这个机会不去做，反而减杠杆那是不对的。

全世界的贫富分化越来越严重。其实在2008年之前，美国老百姓的工资涨得很少，老板的钱更多了。逻辑就是，因为全球化把工厂搬到中国了，老百姓没有工作了，但是老板成本降低了。或者是有了信息化系统以后，比如说沃尔玛商场，收银员少了，但老板的成本降低了。

2008年以前的趋势是，有钱人越来越有钱了，老百姓收入增长很慢。2008年量化宽松以后，美国的贫富分化更厉害。量化宽松那么多钱都去哪里了？穷人的收入并没有很多的增加，钱都去有钱人那里了。所以，美国的贫富分化、欧洲的贫富分化都是很多很多年存在的事实。中国的贫富分化其实也是很严重的，不过比欧美要好。

这个问题怎么解决呢？西方是通过选举和税收来调节财富的重新分配，所以才会出现这样的选举结果。中国怎么办？我不知道。但是有了这个判断之后，我们做房地产怎么定位，就知道怎么变化了。融创做的是高端，如果算老百姓整体的收入房价比，怎么算都买不起房。但你算30%那是买得起的；如果算10%更买得起；如果算5%的话，那他什么房子都买得起。因为房价涨得很快，GDP增长是6.7%，人民币在贬值，老百姓的收入实际上并没有增加。融创一直坚持做高端和改善的，将来一定是有市场的。

（2）我的投资逻辑：买对地方、买对时间、多借点钱。

这个行业一定要理解分两段：投资、盖房子。投资错了，盖什么房子都是赔钱的，你的地买错了。投资本来就是很难的事，这个行业投资比别的行业更难。为什么？杠杆太多。有银行、客户预付款，有杠杆以后让投资变得很复杂。现在投了钱以后，杠杆很高，而且能不能赚钱要在三年以后，比种庄稼还难。这个行业首先是投资，投错了以后做什么都不行。地买对了以后有品牌，做高端的，就更好。

规模，这个行业去年不到10万亿元的规模，到今年10月底9万亿元了。10万亿元的规模再增长也难了，但是在快速向大公司集中。现在前100名占40%多，前10名占20%多。去年前10名占17%，今年已经占20%多了，前100名已经占40%多了。我觉得，这个行业下一步5～10年或者5年左右前100名会占70%～80%，前10名会占35%～40%。这样的话，前10名平均就要4000亿元，没有两三千亿元进不了前10名。

当然，这个是怎么形成的？小公司干不了了，买了地以后挣钱退出做不了让大公司做，另外就是收购、兼并。这个行业本身就有金融属性，这个特别重要。

这次的宏观调控绝对是好事。对谁都是好事，客户、开发商、银行等都是好事。

地越来越贵、风险越来越大，最后钱更难挣了。这次调控的严厉程度是很多企业预计不足的。这次的宏观调控力度超过每一次的，这一次是自上而下的，是目标管理的。所以每个地方的政策不一样，所以执行力度也不一样。

宏观调控以后，我们做高端的肯定好。原来买10套，现在买1套，一定买位置好、品牌好、品质好、大一点的，那就是我们。

理解这个行业的三个特点：

第一点，投资也要做得好、房子也要盖得好。有的公司，第一阶段做得好，第二阶段做得差；有的公司，第二阶段做得好，第一阶段做得差；哪个阶段做不好都不行。

第二点，市场规律，在快速地向大公司集中。

第三点，是在时间和空间上都有错配的情况，空间和时间带来的不平衡。

有了这三点，我的投资逻辑就出来了：你要买对地方、买对时间，多借点钱。对现在来说，如果有钱的话放到账上别着急花，后面还有机会。现在还不是时间，多借点钱，最好借的长一点，可以穿越周期的。这就是我说的投资逻辑。

（3）如果你的公司现金流有问题了，但还有价值，那你就可以找我。

不确定市场环境下的确定选择，或者不确定经济形势下的确定选择。其实对于房地产行业来说，就是买不买地或者卖不卖房子，还有什么选择？有钱纠结，没钱的话买不了地，就是卖不卖房子。

有钱别着急卖，没钱赶紧卖，其实没有什么可选择的。

其实你的选择不多，任何形势再不确定，你的选择都是确定的。就那么点钱，买一块地，能选什么？或者一块地买不了，留着怕有风险。选什么？

所以要确定选择。你要分析好了以后再选择。

①现金流风险。没有现金流就死了。②价值。这个公司有没有价值。

我看了很多公司，一种是现金流没有问题，价值有问题，然后就转着转着转出一个窟窿；第二类公司是价值没问题，现金流有问题，活不下去。对这个行业来说，第二类的企业可能更好一点。因为这个行业主要看中的是价值，这个行业和别的行业不一样，别的行业并购的是资产占有率、是大脑、是专利。而这个行业并购的就是土地的价值。所以这个行业如果你现金流没有问题，但是你的土地没有价值，转着转着最后转了一个窟窿。如果你现金流有问题，但是你的土地是有价值的，那还是有人愿意收购你的，公司是可以卖掉的。

我觉得这个行业就是这两个风险：

首先一定要控制现金流的风险。这个很多人都知道，但是没有那么重视。第二个就是价值。地别买错了，地买错了，即使现金流没问题，最后也会成为窟窿；如果地买对了，即使现金流有问题，你还可以卖掉。如果你的现金流没问题，价值有问题，那就惨了。如果你的现金流有问题，但是有价值，你可以把公司卖了。如果想卖可以找我们，因为我们是市场公认的最好的合作伙伴。

……

从这篇演讲中我们也可以看出来，孙宏斌并不是像外界说的那样成为被坑的接盘侠，他对时局看得透彻着呢。

在利率不变但经济下滑的时代，并购机会很多。无论是万达项目，还是收购乐视，对孙宏斌来说，都只是认准了并购机会并把这些机会捡起来而已。

一切都在划定的轨道前行

当所有人都在对乐视的发展议论纷纷时，孙宏斌已经率领着他的团队走在了对乐视“变身”的路上：

2017 年 9 月 19 日，乐视游戏将 100% 的股权卖给了一家名为冰穹互娱的公司。2017 年 9 月 20 日，多家投资者组成财团收购了乐视体育。2017 年 9 月 24 日，停牌五个多月的乐视网公布收购乐视金融业务。至此，乐视变身已经基本成型了，于是在 2019 年 9 月 27 日，乐视网发布更名公告，新名为：新乐视信息技术（北京）股份有限公司。

乐视的这些变动，都是孙宏斌在给乐视注入 150 亿元资金后所乐见的。当时，孙宏斌曾经说过："只要把该卖的卖掉，未来，乐视只有上市公司和汽车。"很显然，乐视的发展一直都在孙宏斌的掌控之中呢。接下来，只要把乐视金融和乐视影业注入乐视网，乐视上市公司体系就算打造成功了。

为了这一天，八个月来，孙宏斌都在清理乐视的债务：流动负债125.8亿元，长期负债30亿元。当乐视的债务出现在众人眼前，人们才发现这到底是一个多么巨大的债务敞口。这相当于一个无底洞呢，所有人都在为孙宏斌担心。

然而，孙宏斌可没有被债务吓到，他雷厉风行，一边砍掉庞杂的关联交易，一边将有些债务实行"以资抵债"。同时将上市公司紧紧攥住，"上市公司与关联方之间积极寻求应收账款问题解决方式，不排除将关联方优质资产装入上市公司以其作价抵债。"

孙宏斌的这一系列做法救了乐视。与此同时，融创那边也传来了好消息：2017年9月份，集团实现新增预订销售金额441.2亿元人民币，同比增长182%；合同销售金额430.4亿元，同比增长218%；合同销售面积约258.0万平方米，合同销售均价约每平方米16680元。

其实，早在孙宏斌收购万达的时候，无数人都幸灾乐祸地等着看他因为并购步伐太大而出现资金链问题。孙宏斌也对这些言论早有耳闻，所以才会在微博上回应说："朋友们不用过度担心融创。一是我们因现金流失败过，知道现金流的重要性，重视现金流，把公司安全放在首位；二是我们知进退，在放弃上没有人比我们更决绝，比如10月份以后不再公开市场买地，等待并购机会，比如放弃绿城、佳兆业、雨润；三是我们有战略更有执行，我和团队一直在一线，听得见炮声，敢拼刺刀。”

现在，融创集团 9 月份的销售数据，显然兑现了孙宏斌说过的话。一切都在他的规划之中，正常运转着呢！

名列胡润百富榜，用财富书写传奇

这一年来，孙宏斌一直活在外界的猜测声中。直到胡润研究院发布《36 计胡润百富榜 2017》榜单，人们这才对他刮目相看。

原来，在胡润百富榜 2017 中，竟然就有孙宏斌。就在大家担心他会被多种并购拖垮的时候，他却以 720 亿元的身价排名榜单第 19 名，相比 2016 年来说，他的名次上升了 327 名。位于财富榜上排名增长第二快，第一名是今日头条的创始人张一鸣。

孙宏斌用这样的形式，证明给那些质疑和担心自己的人看，虽然自己已经到了知天命年，但宝刀才刚出鞘，斗志正昂扬着哩！

知天命年，他会书写更多的传奇。因为知天命年出征，比起年轻时创业，又多了几分从容和忍耐，更懂得知进退的重要性。

他说：“年轻的时候觉得进取、冒险、坚持、勇往直前很重要，现在觉得忍耐、宽容、让步、妥协也许更重要；年轻的时候希望自己任劳任怨，现在知道任劳容易任怨很难；年轻的时候把知进退挂在嘴边，现在知道知进容易知退太难。既要勇敢也要妥协，既要任劳也要任怨，既要知进也要知退，可能才是过日子真正需要的。”

“年轻的时候争强好胜，曾经赢得畅快淋漓，也曾输得一塌糊涂，但是我不后悔。年纪大了点儿后，希望多做些双赢的事，少做些一赢一输的事，不做双输的事。实在做不到，就保护你的员工的权益，保护股东们的利益，保护家人的平安幸福，支持你的朋友们。不做好人，不做坏人，做人！”

“我觉得我骨子里面还是一个比较有激情的人。”孙宏斌说，“但是我现在宁可慢点儿或者是让它保守点儿也不想让它再出问题了，再出问题我就没有机会了。过去我觉得自己够聪明，也努力，必须抓住所有的机会，现在我觉得风险大了，首先不要掉进坑里。不过，人年轻的时候一定要多吃点亏，年轻的时候不冒险不对。我们的企业是吃亏比较多，再想想挺好的，活得挺精彩的。”

知天命年的战士孙宏斌会书写新的传奇，但他也会以更稳健的方式去做，而不是将自己和跟随自己的战士们置于风险之中。

让我们一起期待孙宏斌再次书写新传奇。

Appendix 附录

孙宏斌大事记

1963 年，孙宏斌出生在山西省运城市临猗县。

1985 年，清华大学硕士毕业。

1988 年，进入联想公司。

1994 年，孙宏斌在天津成立天津顺驰置业有限公司。公司以房地产中介业务介入房地产业。

1995 年，在中科集团董事长周小宁和联想集团董事长柳传志的帮助下，由孙宏斌掌舵，成立了天津中科联想房地产开发有限公司。

1999 年，天津顺驰投资集团有限公司在九月份注册诞生，中科集团和联想集团退出，将股份转让给了孙宏斌，顺驰终于姓“孙”了。

2002~2004 年，孙宏斌购买土地，成为“地王”，创造了一年内同时向十几个城市扩张的纪录。短短两年，顺驰取得了中国地产史上前无古人的战绩，版图扩张至全国 10 多个省、16 个城市。

2004 年，孙宏斌遭遇宏观调控，顺驰断绝上市融资之路。同年，孙宏斌以 13 亿元资产位列胡润百富榜第 91 位。

2005 年，孙宏斌对融创进行项目重组，将融创运营拉入正轨。

2006 年，孙宏斌收缩顺驰战线，并建立顺驰不动产网络。

2007 年，孙宏斌将顺驰低价转让给路劲地产。全副精力打造融创地产。

2008 年，孙宏斌决定走房地产精品路线，率领融创集团获取北京西山壹号院项目。

2010 年，融创成功登陆香港联交所主板市场，孙宏斌开始踏足国际资本市场。同年，孙宏斌被选为地产中国网最执着精神的地产传奇人物。

2011 年，西山壹号院开盘，这标志着孙宏斌的高端精品路线已经成功运行。

2012 年，孙宏斌联手绿城，进行京、津、沪、杭、渝的战略布局。

2015 年，孙宏斌辞任融创行政总裁。

2017 年，孙宏斌并购万达项目，投资乐视网，并出任乐视网董事长。

编　委　会

（排名不分先后，以下人员均为博文书友会社群合伙人）

中国小飞机俱乐部　陈思宇

北京林楠投资有限公司投融部经理　涂祖胜

牛氏九易公司文艺部长　耿丞熇琳

北京易宏置地房地产经纪有限公司　向　来

北京华融盛贸国际科技有限公司创始股东 CEO　郝　月

姆米又国际控股集团联合创始人、北京盛仁蓬勃公共关系有限公司总经理、企业绩效管理高级培训师、多家美妆企业联席顾问、国际美博会特邀嘉宾、彩妆代言人　桓慧芳

中国古诗词文化传承者、创新者，中国书画艺术爱好者、资深经纪人，古根博格家族核心成员，北京古根王酒业有限公司股东　明易桉槺

人类少食健康工程“发起人”“123 生命工程”俱乐部创始人，北京大管家健康科技发展有限公司创办人　盛紫玟

金融理财师、家庭教育指导师、国家二级心理咨询师、皮纹分析咨询师、北京鼎硕炜业投资管理有限公司高级投资理财顾问、北京天下安道教育科技有限公司副总经理　钟永恒

博文社群裂变合伙人　伍兴隆

北京喜帮科技总经理　刘泊霆